GW00786427

DUBLIN

EN QUELQUES JOURS

FIONN DAVENPORT

Dublin en quelques jours
1re édition, traduit de l'ouvrage *Dublin Encounter*
(2nd edition), February 2010
© Lonely Planet Publications Pty Ltd 2010
Tous droits réservés

Traduction française :

© **Lonely Planet 2010,**
12 avenue d'Italie, 75627 Paris cedex 13
☎ 01 44 16 05 00
🖳 bip@lonelyplanet.fr
🖳 www.lonelyplanet.fr

Dépôt légal : Mai 2010
ISBN 978-2-81610-232-1

Responsable éditorial Didier Férat
Coordination éditoriale Magali Plattet
Coordination graphique Jean-Noël Doan
Maquette Laurence Tixier
Cartographie Martine Marmouget
Couverture Jean-Noël Doan et Alexandre Marchand
Traduction Adeline Guichard et Julie Marcot
Merci à Dolorès Mora pour son travail sur le texte,
ainsi qu'à Juliette Stephens, Dominique Spaety et
Sandrine Gallotta pour leurs précieux conseils.

Imprimé par L.E.G.O. Spa
(Legatoria Editoriale Giovanni Olivotto)
Imprimé en Italie

COMMENT UTILISER CE GUIDE
Codes couleur et cartes

Des symboles de couleur représentant les sites et les
établissements figurent dans les chapitres et sont
reportés sur les cartes correspondantes afin de les
localiser rapidement. Les restaurants, par exemple,
sont indiqués par une fourchette verte.
À chaque quartier correspond aussi une couleur
spécifique, reprise dans les onglets du chapitre qui
lui est consacré.

Les zones en jaune sur les cartes désignent
des "secteurs dignes d'intérêt" (sur le plan
historique ou architectural, ou encore en raison de
la présence de bars et de restaurants, etc.). Nous
vous conseillons vivement de les explorer.

Prix

Les différents prix (par exemple, 10/5 €ou 10/5/20 €)
correspondent aux tarifs adulte/enfant, normal/
réduit ou adulte/enfant/famille.

L'AUTEUR

FIONN DAVENPORT

À demi Italien et supporter de toute éternité du Liverpool Football Club, Fionn est un parfait Dublinois, amoureux de sa ville natale mais l'œil constamment porté vers l'ailleurs. Il a souvent quitté Dublin – parfois pendant des années –, mais toujours pour mieux y revenir, car c'est pour lui le seul endroit sur terre où l'humour macabre est élevé au rang d'art. Pourquoi chercher une réponse claire et directe lorsqu'une réplique drôle est beaucoup plus satisfaisante ?

REMERCIEMENTS

Tous mes remerciements à Saralinda Turner et Clifton Wilkinson pour leur compréhension du concept de temps élastique, et à Caroline Clarke pour tout le reste.

À nos lecteurs Un grand merci aux voyageurs qui nous ont écrit pour nous livrer conseils et anecdotes, en particulier à Katie Bale, Jose Kawas, Keith Kenney, Johanna King, Marieke Koets, Outi Kyyts, Ruth McDermott, James Moran, Sven Naumann, Chris Nivard, Kate O'Reilly, Sally St Clair, Harvey et Valerie Turer.

Photo de couverture Traversée de la Liffey, Dublin, NUTAN/APHO. **Photographies intérieures** p. 76, p. 89, p. 101 Fionn Davenport ; p. 19 B O'Kane/Alamy. Autres photographies de Lonely Planet Images et Doug McKinlay excepté les suivantes : p. 24 Conor Caffrey ; p. 123 Sean Caffrey ; p. 6 (gauche et droite), p. 30 (bas), p. 42, p. 45, p. 55, p. 61, p. 125, p. 141 Olivier Cirendini ; p. 23 Ian Connellan.; p. 28, p. 32, p. 34, p. 77, p. 106, p. 112 Richard Cummins ; p. 21 Wade Eakle ; p. 29, p. 30 (gauche) John Elk III ; p. 128 Rick Gerharter ; p. 6 (bas) Corinne Humphrey ; p. 74 Holger Leue ; p. 12, p. 20, p. 41, p. 132 Hannah Levy ; p. 146 Gareth McCormack ; p. 72, p. 129 Martin Moos ; p. 48, p. 59 Stephen Saks ; p. 14, p. 16, p. 17, p. 40, p. 70, p. 79, p. 85, p. 99, p. 113, p. 124, p. 138, p. 145, p. 151 Jonathan Smith ; p. 8 John Sones ; p. 10, p. 111, p. 143 Oliver Strewe ; p. 4, p. 25 Wayne Walton ; p. 102 Corey Wise.

Toutes les photos sont sous le copyright des photographes sauf indication contraire. La plupart des photos publiées dans ce guide sont disponibles auprès de l'agence photographique **Lonely Planet Images** : www.lonelyplanetimages.com.

De l'art du portrait, sur Grafton St (p. 38)

SOMMAIRE

BIENVENUE À DUBLIN !

Définition d'une ville exceptionnelle : un lieu capable de transformer ses défauts en qualités et où l'on peut se divertir sans se soucier de dormir. Bienvenue à Dublin, prétendante au titre de meilleure ville d'Europe.

Les Dublinois peuvent parfois cruellement manquer de sentimentalité envers leur ville, d'apparence peut-être un peu moins glamour que d'autres capitales européennes, mais ils vous le diront eux-mêmes : Dublin a du *caractère*, qualité bien plus importante que l'aspect extérieur et autrement plus durable.

Qu'est-ce qui rend donc Dublin si spécial ?

Premièrement, sa petite taille : dans le centre-ville, délimité au nord et au sud par deux canaux, tout est accessible à pied (ou du moins tout ce qui en vaut la peine, disent ses habitants). Deuxièmement, son animation : sa population est l'une des plus jeunes de toutes les villes européennes et fait vivre une multitude de bars, restaurants et lieux de fête. Troisièmement, son accueil : il suffit de déplier un plan dans la rue pour attirer une foule d'habitants prêts à vous renseigner et à vous accompagner sur une partie du chemin. Quatrièmement, son cosmopolitisme : on est loin du temps où l'avocat faisait figure de fruit-légume exotique et où l'huile d'olive se vendait uniquement en pharmacie. L'afflux important de résidents étrangers ces dix dernières années a fait de Dublin une métropole multiculturelle et a sérieusement dynamisé sa scène artistique.

Enfin, il y a ses monuments – même si l'on s'amuse ici tellement qu'on en oublie parfois de découvrir les merveilles cachées dans ses nombreux musées et galeries ou la diversité architecturale de ses élégantes places georgiennes et de ses docks modernes.

Le caractère de Dublin tient donc à sa sociabilité et à son âme gravant son souvenir dans les mémoires et donnant à ceux qui l'ont découverte une seule envie : celle d'y retourner.

En haut à gauche Musicien de rue à Temple Bar **En haut à droite** Impostes en éventail, colonnes et portes colorées, caractéristiques du Dublin georgien **En bas** Enluminure du *Book of Kells*, conservé au Trinity College (p. 40)

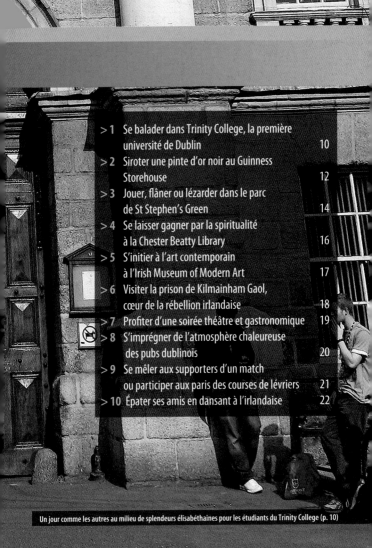

Un jour comme les autres au milieu de splendeurs élisabéthaines pour les étudiants du Trinity College (p. 10)

> 1 TRINITY COLLEGE

BALADE DANS LES VASTES ESPACES DE L'UNIVERSITÉ ÉLISABÉTHAINE DE TRINITY

Sitôt franchi le porche de Regent House qui s'ouvre sur Front Sq, on laisse derrière soi la bruyante agitation de Dame St pour remonter le temps et pénétrer dans un univers raffiné d'auguste savoir, de parties de cricket et de cocktails bon ton sur les pelouses. Si son statut de première université de Dublin fait débat, Trinity College est sans conteste la plus belle, la plus centrale et la plus célèbre institution d'enseignement supérieur de la ville (voir aussi p. 40).

Voilà plus de 400 ans qu'elle remplit cet office, depuis que la reine Élisabeth Iʳᵉ décida, en 1592, d'accorder une charte à ses fondateurs afin d'empêcher "l'infection papiste" de se répandre parmi la

LE CLONAGE DE LA LONG ROOM

La Long Room (ci-dessus) a prêté son cadre à plusieurs films (comme *L'Éducation de Rita* de Lewis Gilbert), mais son apparition la plus improbable se trouve dans *Star Wars : Épisode II - L'Attaque des clones*, où elle fut reconstituée en images de synthèse. Reconnaissable à son plafond voûté et à sa collection de bustes sur toute sa longueur, elle y figurait les archives Jedi.

jeunesse irlandaise. Pour l'anecdote, l'un de ses premiers étudiants fut l'archevêque anglican James Ussher, qui data la création du monde à 4004 av. J.-C. La volonté religieuse qui présida à sa naissance fait désormais partie de l'Histoire, mais un parfum privilégié semble encore imprégner les lieux, depuis ses places pavées entourées de beaux bâtiments victoriens (même si la plupart des édifices d'origine ont été remplacés depuis longtemps), jusqu'aux terrains de jeux soigneusement entretenus à l'arrière, où se tiennent en été des matchs de cricket devant un public de connaisseurs installé sur la terrasse du Pavilion Bar un verre à la main.

Par ailleurs, le Trinity College abrite également le trésor irlandais qu'est le *Book of Kells* (*Livres de Kells*). Ironie de l'histoire, il s'agit en réalité d'un ouvrage écossais, rédigé sur l'île d'Iona, puis transporté à Kells en 806 pour éviter qu'il tombe aux mains des Vikings à l'occasion d'une de leurs attaques. Il fait partie des choses à voir, ou plutôt à apercevoir, absolument : sa popularité et la manière dont il est exposé obligent en effet les visiteurs à passer devant lui rapidement, sans pouvoir savourer à loisir sa splendeur.

>2 LE GUINNESS STOREHOUSE

DÉGUSTATION D'UNE PINTE D'OR NOIR DANS LA REINE DES BRASSERIES

Plus dublinoise que James Joyce, la Liffey et Temple Bar réunis, la Guinness est le véritable sang de la ville, le liquide qui irrigue ses artères et ses rues, alimentant chaque jour mille et une expériences. Dès lors, quel meilleur endroit pour goûter une pinte d'or noir que

LA GUINNESS PUISSANCE 7,5

Ce n'est pas parce qu'elle est depuis longtemps la bière favorite des Dublinois que la célèbre marque n'a pas changé depuis sa première bulle, née en 1759. Forte de 9 000 membres, la communauté nigériane, récemment installée en Irlande, n'appréciait guère le goût "d'eau" de la bière à 4,5% d'alcool vendue ici, bien fade au regard de la puissante version à 7,5% de leur pays d'origine. Le Nigéria représente le troisième plus gros marché pour Guinness (après l'Irlande et le Royaume-Uni). Cette différence dans le taux d'alcool remonte au XVIIIe siècle, lorsque cette bière fortifiée permettait de mieux supporter la longueur des trajets en bateau jusqu'en Afrique. Guinness a donc dûment répondu à ces critiques, et la "Foreign Extra Stout" satisfait désormais les palais avertis des consommateurs nigérians.

son berceau spirituel, où 450 millions de litres du célèbre breuvage sont chaque année brassés et exportés vers plus de 150 pays ?

Situé face à la distillerie St James's Gate d'origine, dans un ancien entrepôt à grain, ce musée est l'attraction touristique la plus visitée de la ville. Le bâtiment, qui représente une pinte de Guinness, est un mélange extravagant et haut en couleur d'expositions léchées et de design spectaculaire, surmonté d'une bonne couche de marketing.

L'impressionnant édifice s'ouvre sur diverses expositions autour de l'histoire de la bière et de la distillerie, allant de la charte d'origine, exposée sous le sol en verre de l'entrée, à une section consacrée aux campagnes publicitaires. Certaines de ces expositions sont réellement intéressantes, mais qu'on ne s'y trompe pas : la destination phare de l'endroit reste le Gravity Bar du dernier étage, où l'on peut déguster gratuitement un verre de Guinness devant une vue panoramique sur Dublin. Il paraît que cette bière supporte mal le voyage ; celle que vous pourrez boire ici a donc fort logiquement la réputation d'être la meilleure qui soit. Des milliers de tests personnalisés, le vôtre compris, semblent valider cette théorie. Fraîche, sombre et délicieusement amère... L'ingrédient clé pour la savourer reste inévitablement la compagnie de quelques amis !

Voir aussi p. 99.

>3 PARC DE ST STEPHEN'S GREEN

DÉTENTE DANS LE POUMON VERT DE DUBLIN

Le beau parc de St Stephen's Green était autrefois le lieu d'exécution public des condamnations au fouet, au bûcher ou à la pendaison. La pire punition que l'on encourt aujourd'hui est un sermon du gardien pour une conduite imprudente en vélo ou une partie de ballon sur l'herbe. Avec de telles pelouses, l'attrait est pourtant irrésistible.

Au moindre rayon de soleil, ses 9 ha soigneusement entretenus attirent amoureux, badauds et employés en pause déjeuner, venus profiter de ses étendues vertes et de ses mares où barbotent les oiseaux.

L'ART D'ENVOYER PAÎTRE

En 2000, le groupe U2, originaire de Dublin, se vit remettre en grande pompe la distinction honorifique de "Freedom of the City" (Liberté de la cité). Il ne fallut pas longtemps à Bono et The Edge, amateurs de coups médiatiques, pour revendiquer l'un des anciens privilèges de leur toute nouvelle "liberté" : le droit de faire paître des ovins sur les terrains communaux dans l'enceinte de la ville. Dès le lendemain matin, ils empruntèrent donc deux moutons et se firent un devoir de jouir de ce privilège sur les pelouses de St Stephen's Green, au grand amusement des habitants.

Les belles demeures georgiennes qui l'entourent datent pour la plupart du XVIIIe siècle, époque de l'essor de la ville. Lors de l'insurrection de Pâques 1916, un groupe de rebelles irlandais occupa St Stephen's Green, conduit par l'excentrique comtesse Constance Markievicz, nationaliste irlandaise qui devint plus tard la première femme élue au parlement d'Irlande. Si elle échoua à s'emparer du somptueux Shelbourne Hotel, haut lieu de rencontre de la bonne société de l'époque (on dit que les échanges de balles dérangèrent néanmoins ces dames pendant leur déjeuner), les rebelles réussirent à prendre d'assaut le bâtiment du Royal College of Surgeons, du côté ouest de la place. Un œil attentif peut encore déceler sur ses colonnes les impacts de balles.

Près de l'hôtel Shelbourne, un petit cimetière huguenot créé en 1693 accueillit les réfugiés protestants français qui avaient fui les persécutions. Le côté sud de la place est bordé par la Newman House (p. 57) et la Newman University Church (p. 57), d'inspiration byzantine.

Statues et monuments ponctuent les pelouses du parc, notamment ceux de sir Arthur Guinness et de James Joyce. La fontaine centrale est entourée du buste de la comtesse Markievicz et d'une sculpture de W.B. Yeats, réalisée en 1967 par Henry Moore.

Voir aussi p. 58.

LES INCONTOURNABLES

>4 CHESTER BEATTY LIBRARY

VOYAGE AU PAYS DES VIEUX GRIMOIRES

Dominant le tumulte et les distractions ordinaires de la rue, ce musée remarquable est unique en Europe. Un lieu de réflexion et de beauté, dont l'incroyable collection semble capable d'apporter paix et sérénité à chaque visiteur.

Cette collection appartient au new-yorkais sir Alfred Chester Beatty (1875-1968), magnat de l'exploitation minière. Passionné de manuscrits, calligraphies et reliures richement ornementés, depuis ses voyages en Égypte et en Extrême-Orient, il rassembla plus de 20 000 textes, parchemins, livres religieux et objets d'art, soigneusement exposés sur deux étages.

Contrairement à tant d'autres musées cherchant à épater le visiteur par leur taille, la bibliothèque Chester Beatty est assez compacte et peut être parcourue en une demi-heure. Mais son atmosphère feutrée est une invitation à ralentir le pas pour savourer chaque objet ou regarder les nombreux documents audiovisuels expliquant tel ou tel détail.

Parmi les ravissantes pièces exposées figurent des livres de jade chinois, d'antiques papyrus égyptiens et sans doute la plus belle des collections de corans d'Occident.

Une fois la visite terminée, le petit jardin japonais à l'étage est l'occasion d'un moment de réflexion sur le passage du temps, et le Silk Road Cafe celle d'un savoureux déjeuner.

Voir aussi p. 79.

>5 IRISH MUSEUM OF MODERN ART (IMMA)

INITIATION À L'ART CONTEMPORAIN DANS UN ANCIEN HOSPICE POUR SOLDATS

Même si l'art moderne vous laisse de marbre, le cadre de l'IMMA mérite à lui seul une visite. La meilleure galerie d'art contemporain d'Irlande est installée dans le spectaculaire décor de l'ancien Royal Hospital Kilmainham, vestige architectural dublinois du XVIIe siècle. Ses jardins, ses longues avenues bordées d'arbres et la vaste fontaine du Formal Garden donnant sur Phoenix Park sont un lieu de balade idéal.

Édifié entre 1680 et 1684, ce beau bâtiment dont la façade s'inspire de celle des Invalides, à Paris, s'organise autour d'une cour centrale pavée. À l'intérieur, le musée empli de lumière juxtapose les œuvres de grands artistes connus et celles de nouveaux talents. Forte de 4 000 pièces, la galerie présente des réalisations de Picasso, Miró ou Vasarely, et d'artistes plus contemporains comme Gilbert et George, Gillian Wearing ou Damien Hirst. Sa propre collection tournent fréquemment et le lieu accueille également des expositions temporaires.

L'art moderne irlandais y est en permanence mis en valeur et différents artistes irlandais et internationaux vivent et travaillent sur place, dans d'anciennes remises reconverties en ateliers. Dans la Deputy Master's House, elle aussi rénovée, il faut absolument voir les New Galleries.

Voir aussi p. 99.

>6 KILMAINHAM GAOL

VISITE DE LA PRISON OÙ BATTIT LE CŒUR DE LA RÉBELLION IRLANDAISE

Ceux qui s'intéressent à l'histoire de l'Irlande seront saisis par l'atmosphère étrange de cette prison tristement célèbre. Bon nombre des épisodes tragiques et héroïques qui jalonnent le récent passé irlandais de résistance à l'occupation britannique eurent lieu entre ses murs solides, qui semblent en murmurer le souvenir à chaque visiteur. La liste de ses anciens détenus se lit comme un catalogue des grandes figures du nationalisme irlandais.

Après l'insurrection de Pâques 1916, 14 des 15 exécutions ordonnées contre les rebelles eurent lieu à Kilmainham. James Connolly, incapable de se tenir debout à la suite des blessures reçues pendant les combats, fut ligoté sur une chaise dans l'Execution Yard pour faire face au peloton. En Angleterre comme en Irlande, cette cruauté scandalisa l'opinion et renforça le soutien à la cause nationaliste.

Dans l'aile ouest, conçue sur le modèle de la Pentonville prison de Londres, des passerelles de métal suspendues autour d'une lumineuse salle voûtée permettaient une surveillance générale. On y voit encore d'émouvants graffitis laissés par les prisonniers.

La visite guidée de Kilmainham permet d'accéder à un musée, à la chapelle de la prison, aux cours de promenade et d'exécution et à l'aile ancienne, glaciale, obscure et humide, où des milliers d'auteurs de petits larcins, y compris des enfants, furent entassés durant la Grande Famine.

Voir aussi p. 100.

>7 AU THÉÂTRE CE SOIR
SOIRÉE GASTRONOMIQUE, TRADITIONNELLE ET CULTURELLE

Beckett, Synge, Shaw, Wilde… la ville ne manquant pas de dramaturges géniaux, une soirée au théâtre s'impose.

Vous avez la possibilité de savourer un menu spécial de trois plats dans l'un des meilleurs restaurants de Dublin, le Chapter One (p. 115), situé au sous-sol du Dublin Writers Museum (p. 107). Dans cette adresse, vous n'aurez pas à vous soucier de la réservation de vos billets : pendant que vous dînez, on se charge d'aller les retirer et de vous les remettre à table. Vous pourrez ensuite, prendre le chemin du théâtre national d'Irlande, le célèbre Abbey (p. 118), ou du Gate (p. 118, photo ci-dessus), dont James Mason et Orson Welles arpentèrent les planches dans leur jeunesse. À la fin du spectacle, le salon ou le bar du Chapter One vous attendent pour disserter sur les mérites de la pièce devant un dessert et un café. Vous pourrez prolonger votre soirée dans l'un des bars traditionnels favoris des comédiens, comme le Sackville Lounge (p. 117).

Ceux qui souhaitent acheter eux-mêmes leur billet peuvent le réserver par téléphone avec une carte de crédit et le récupérer sur place, juste avant la représentation. La plupart des pièces débutent à 20h.

>8 VÉNÉRABLES INSTITUTIONS DUBLINOISES

IMMERSION AU CŒUR DE LA VIE SOCIALE DE DUBLIN

Dublin regorge de pubs à l'ambiance extraordinaire et c'est d'ailleurs ce qui attire bon nombre de visiteurs, mais ceux qui découvrent la ville pour la première fois s'étonneront peut-être de la place qu'occupent ces institutions dans la vie sociale des habitants. Le pub est à la fois un point de rencontre entre amis et avec des inconnus, un endroit où fêter un événement ou juste passer le temps, un lieu de discussion comme de contemplation silencieuse. On y célèbre ses joies, on y noie ses peines ; beaucoup y finissent la nuit, d'autres y débutent leur journée : le pub condense le meilleur des Dublinois, chaleur et convivialité, et le pire, ivresse et humeur bagarreuse.

Il en existe pour tous les goûts : des vieilles enseignes paisibles, comme Mulligan's (p. 73), aux bars gays tapageurs tel Panti (p. 119), en passant par une infinie variété. Même si les *véritables* adresses traditionnelles, où habitués en casquette échangent quelques brèves de comptoir, tendent à se faire rares, la magie n'est pas près de s'éteindre. Car plus que le cadre, ce sont les clients qui font un bon pub.

>9 COURSES DE LÉVRIERS ET AUTRES SPORTS

AVENTURE ET DÉCOUVERTE DES JEUX

Dublin sans sport ? Imaginez une Guinness sans mousse... Un après-midi ou une soirée en compagnie de passionnés venus hurler leurs encouragements et parier sur leur équipe favorite est une expérience à ne pas manquer.

Le *hurling* et le football gaélique sont des religions nationales, et Croke Park (voir p. 114, photo ci-dessus) leur cathédrale. La meilleure période pour s'y rendre est l'été et le début de l'automne, lorsque le stade se transforme en creuset de toutes les passions, surtout si Dublin joue un match du Senior Football Championship. Sa pelouse accueille aussi le Senior Hurling Championship, au cours duquel les équipes de Kilkenny, Cork ou Tipperary rivalisent de talent devant des gradins bondés de plus de 70 000 spectateurs.

Que ceux qui pensent que les courses de lévriers (voir p. 133) sont réservées à quelques mordus des paris et autres désespérés et rechignent à l'idée de rester debout contre la barrière sous le crachin, se rassurent : il est possible de goûter à l'expérience au bord de la piste, confortablement installé dans un box vitré où un "serveur-bookmaker" apporte dîner et rafraîchissements, avant de prendre directement les paris.

>10 DANSE TRADITIONNELLE
QUELQUES PAS DE DANSE IRLANDAISE POUR ÉPATER SES AMIS

La danse irlandaise paraît très rapide et compliquée, surtout si l'on se réfère uniquement aux danseurs des troupes du *Riverdance*. Il faut savoir deux choses : d'une part, dans ce célèbre spectacle théâtral irlandais, il ne s'agit pas de danse purement traditionnelle et, d'autre part, il n'est pas aussi difficile qu'on le croit d'apprendre les bases.

La Comhaltas Ceoltóirí Éireann (p. 132, photo ci-dessus) – prononcer "ko-ltass ki-oltori érine", ou Organisation des musiciens d'Irlande – a ses quartiers dans le Cultúrlann na hÉireann (Institut culturel irlandais). Ce véritable cœur spirituel des diverses formes d'art traditionnel, situé dans la banlieue sud de Dublin, est aisément accessible depuis le centre par le réseau ferré (DART). Des concerts gratuits et informels de musique traditionnelle y sont organisés le mardi et le mercredi à partir de 20h. Les visiteurs sont les bienvenus : on peut s'asseoir, taper des pieds, manger un morceau et boire quelques pintes en écoutant d'excellents groupes. Cerise sur le gâteau, le vendredi soir il est possible, contre une modeste participation, de prendre part à un *céilí*, un bal de danse irlandaise, au son d'un orchestre et guidé par des professeurs. En partant, vous saurez comment garder l'équilibre pendant une gigue ou un quadrille. On s'y amuse toujours beaucoup et c'est une expérience dublinoise mémorable.

> AGENDA

Quelle que soit la période de l'année, il se passe toujours quelque chose à Dublin. Sitôt finies les fêtes de Noël (qui s'étendent parfois jusqu'en janvier), commencent les préparatifs pour la célébration bruyante et déguisée du saint patron de l'Irlande. En été, rares sont les week-ends sans spectacle de danse ou foire gastronomique. Et entre chacun des principaux événements, une multitude de festivals plus paisibles continue de faire battre le cœur de la ville et de ses visiteurs.

Le trèfle à l'honneur pour la Saint-Patrick (p. 24)

AGENDA

FÉVRIER

Jameson Dublin International Film Festival

☎ 872 1122 ; www.dubliniff.com
Productions nationales et internationales, films d'auteurs et avant-premières de films grand public sont au programme du festival.

Six Nations Championship

www.irishrugby.ie
Au cours du Tournoi des Six Nations, les premiers matchs de rugby du calendrier international voient l'Irlande affronter l'Angleterre, l'Écosse, le pays de Galles, la France et l'Italie, au Lansdowne Aviva Stadium (carte p. 127, E2).

MARS

St Patrick's Festival

☎ 676 3205 ; www.stpatricksday.ie
La fête par excellence. Durant 4 jours, autour du 17 mars, grands rassemblements dans le centre-ville en l'honneur de saint Patrick.

AVRIL

Handel's Messiah

Afin de commémorer la première représentation, le 13 avril 1742, du *Messie*, l'œuvre sacrée d'Haendel, un concert est organisé devant l'ancien Neal's Music Hall, dans Fishamble St, à Temple Bar.

Magie et divertissement lors du défilé du St Patrick's Festival à Dublin

AGENDA

MAI

Mardi gras

www.dublinpride.org

Défilé et autres festivités le dernier week-end de mai, pour la "gay pride" de Dublin.

Dublin Gay Theatre Festival

www.gaytheatre.ie

Près de 15 jours consacrés au théâtre gay, autour d'œuvres d'auteurs homosexuels dont le thème aborde, directement ou non, la question de l'homosexualité.

JUIN

Convergence Festival

www.sustainable.ie

À Temple Bar, 10 jours d'ateliers, de conférences et d'activités pour enfants autour du développement durable et des ressources renouvelables.

Dublin Writers Festival

www.dublinwritersfestival.com

Un festival littéraire de 4 jours, où auteurs irlandais et internationaux donnent lectures, spectacles et conférences.

Diversions

☎ 677 2255 ; www.templebar.ie

Concerts gratuits en extérieur, projections et spectacles pour enfants ont lieu tous les week-ends de juin à septembre, sur Meeting House Sq (carte p. 65, C2), à Temple Bar.

Women's Mini Marathon

www.womensminimarathon.ie

Le deuxième dimanche de juin, cette course caritative de 10 km est la plus importante de ce type au monde avec près de 40 000 participantes (parfois déguisées).

JUILLET

Bloomsday

www.jamesjoyce.ie

Le 16 juillet, célébration de l'*Ulysse* de James Joyce, par des lectures, promenades, rassemblements costumés ou déjeuners.

Bloomsday : lecture au Joyce Centre (p. 108)

Oxegen

www.oxegen.ie

Ce gigantesque festival qui se déroule sur 4 jours, durant le week-end le plus proche du 12 juillet, rassemble des dizaines de grands noms musicaux sur 6 scènes différentes.

Liffey Swim

☎ 833 2434

À l'occasion de cette course annuelle, on ne peut qu'admirer la volonté de fer des 500 nageurs qui plongent dans la Liffey pour relier les 2,5 km séparant le Rory O'More Bridge de Custom House.

AUTRES ÉVÉNEMENTS...

Même si votre venue ne coïncide pas avec les grands rendez-vous du calendrier festif de Dublin, restez à l'affût d'autres événements, aux dates plus flexibles. En début d'année, l'excellent **Temple Bar Trad Festival of Irish Music and Culture** (www.templebartrad.com) propose 3 jours de concerts de qualité, que complètent marchés artisanaux et ateliers divers. Vers mars, la **Tastefest** (www.rds.ie) de la Royal Dublin Society est l'occasion de goûter à de savoureuses douceurs. En juin, les meilleurs artistes de rue (contorsionnistes, comédiens, magiciens ou musiciens) s'affrontent dans et aux abords de Merrion Sq (carte p. 53, D1) dans le cadre du **Street Performance World Championship** (www.spwc.ie).

AOÛT

Dublin Horse Show

www.rds.ie

Le monde hippique accourt au petit trot jusqu'à la capitale pour le plus important rassemblement de l'année, l'Aga Khan Cup, compétition de renommée internationale.

Dun Laoghaire Festival of World Cultures

☎ 271 9555 ;

www.festivalofworldcultures.com

Un festival théâtral, artistique et musical, organisé le dernier week-end du mois.

SEPTEMBRE

All-Ireland Finals

www.gaa.ie

Le Croke Park s'enflamme à l'occasion des finales de *hurling* et de football gaélique (deuxième et quatrième dimanche du mois).

Dublin Fringe Festival

☎ 872 9016 ; www.fringefest.com

Ces dernières années, ce festival de théâtre "alternatif" a reçu autant de critiques élogieuses que son homologue officiel.

Bulmers International Comedy Festival

www.bulmerscomedy.ie

Le meilleur de la scène comique irlandaise et internationale.

L'Olympia, célèbre et ancienne scène, accueille des pièces du Dublin Theatre Festival

OCTOBRE

Dublin Theatre Festival

☎ 677 8439 ;

www.dublintheatrefestival.com

Durant 2 semaines et demie, le plus ancien festival de théâtre d'Europe est l'occasion de découvrir des productions nationales et internationales sur différentes scènes.

Hallowe'en

Défilés nocturnes, feux d'artifice, théâtre de rue, musiques et réjouissances envahissent Dublin pour célébrer cette fête païenne des morts, qui marquent la fin des moissons et le Nouvel An celtique.

NOVEMBRE

French Film Festival

www.irishfilm.ie

Organisé par l'ambassade de France et sponsorisé par Carte Noire, ce festival présente les meilleurs films français de l'année.

Junior Dublin Film Festival

www.ifi.ie

Pendant une semaine, les jeunes réalisateurs du monde entier sont mis à l'honneur grâce à la projection d'une sélection exclusive réalisée par l'Irish Film Institute.

AGENDA

Lever de lune sur une tour Martello, à Sandycove

DÉCEMBRE

Bain de Noël au Forty Foot

Après un réveillon trop arrosé, un remède radical est proposé chaque année à 11h, le matin de Noël, dans les eaux du célèbre bassin situé sous une tour Martello, à Sandycove (p.130).

Leopardstown Races

www.leopardstown.com

Ce rassemblement hippique historique très populaire se tient du 26 au 30 décembre sur l'un des plus jolis terrains de course d'Europe, conçu sur le modèle du Sandown Park Racecourse en Angleterre et ouvert en 1888.

> ITINÉRAIRES

Explosion de couleurs chez un fleuriste de Grafton St

ITINÉRAIRES

Visiter les lieux incontournables de Dublin est relativement facile, d'autant
que la ville, compacte, rend les déplacements à pied tout à fait gérables.
Un minimum d'organisation s'impose néanmoins : les itinéraires proposés
devraient vous aider à découvrir la ville de manière assez exhaustive.

PREMIER JOUR

Commencez tôt par la découverte du Trinity College (p. 40), puis allez
fouiner dans les livres et les disques des étagères de George's St Arcade
(p. 84). À l'heure du déjeuner, un copieux sandwich de chez Honest to
Goodness (p. 88) vous permettra d'enchaîner sur la visite (1 heure environ) du
Guinness Storehouse (p. 99). Au passage, flânez dans le quartier des Liberties
(carte p. 97), qui abrite la Marsh's Library (p. 100). Rentrez ensuite dîner dans
le centre sur la terrasse couverte de l'Eden (p. 70) et finissez la soirée par une
pinte au Stag's Head (p. 94), au son de la musique traditionnelle.

DEUXIÈME JOUR

Débutez la journée au milieu des manuscrits de la Chester Beatty
Library (p. 79), dans le Dublin Castle (p. 79), avant une pause café et gâteau
chez Queen of Tarts (p. 72). Faites un peu de lèche-vitrines aux alentours de
Grafton St (carte p. 39) avant d'aller vous cultiver au National Museum (p. 56)
ou à la National Gallery (p. 55). À l'heure des vêpres, la Christ Church
Cathedral (p. 98) vous attend. Installez-vous ensuite pour un dîner tranquille
au L'Gueuleton (p. 90), suivi d'un spectacle comique à l'International
Bar (p. 50).

TROISIÈME JOUR

Profitez d'une balade autour de Moore St (carte p. 105, C2) et Parnell St (carte
p. 105, C2) pour déguster quelques spécialités exotiques avant de participer
aux visites guidées du James Joyce Cultural Centre (p. 108). Juste en face, le
Cobalt Café and Gallery (p. 115) vous attend pour un thé et un pain au lait tout
chaud. Les amateurs de culture se dirigeront ensuite vers l'ouest, direction
l'Irish Museum of Modern Art (p. 99) et Kilmainham Gaol (p. 100). En dînant
tôt chez Fallon & Byrne (p. 87), vous pourrez ensuite assister à un spectacle du
Project Arts Centre (p. 77) à Temple Bar.

En haut, à gauche Les voûtes impressionnantes de la Christ Church Cathedral **En haut, à droite** Livres à feuilleter dans
George's St Arcade **En bas** Boiseries chaleureuses et murs vert menthe de la National Gallery

JOUR DE PLUIE

La météo instable de Dublin a aidé la ville à développer beaucoup d'activités en intérieur. Vous ne verrez pas le temps passer au National Museum (p. 56) et à la National Gallery (p. 55), mais n'oubliez pas d'aller découvrir la magnifique Chester Beatty Library (p. 79). Queen of Tarts (p. 72) est idéale pour se réchauffer entre deux averses, avant de filer vers Temple Bar visiter la Gallery of Photography (p. 66). Profitez ensuite de la pluie comme la plupart des Dublinois, devant une pinte, au pub – le Long Hall (p. 93) devrait faire l'affaire.

HORS DES SENTIERS BATTUS

Pour retrouver un peu de calme, dirigez-vous vers les faubourgs en bord de mer ou vers l'un des havres de paix du centre-ville :
> les jardins d'agrément de Farmleigh (p. 122)
> la promenade de South Wall jusqu'au phare (photo ci-dessous)
> le Prospect Cemetery (p. 115)
> un café en terrasse au Dublin Writers Museum (p. 107)
> les Iveagh Gardens (p. 54)
> le Blessington St City Basin (carte p. 121, E1)

Impossible de manquer le Poolbeg Lighthouse rouge vif, sur le Great South Wall

PRÉPARATIFS DE VOYAGE

Prévoyez d'arriver tôt sur les lieux de visite les plus populaires pour éviter les files d'attente, parfois interminables en été. La plupart des attractions payantes proposent des tarifs réduits aux étudiants, aux seniors, aux enfants et aux familles. Pour ceux qui prévoient de nombreuses visites, il est intéressant d'acheter le Dublin Pass (voir p. 166) dès l'arrivée à l'aéroport, car il permet de voyager gratuitement sur les navettes Aircoach.

Deux semaines avant le départ Il vous faudra acheter vos billets à l'avance si vous souhaitez assister à une pièce à succès à l'Abbey Theatre (p. 118) ou au Gate Theatre (p. 118) – 15 jours avant devraient largement suffire. Il en va de même pour un match au Croke Park (p. 114), notamment pour les phases finales de championnat.

Trois jours avant le départ N'attendez pas la dernière minute pour réserver dans les restaurants haut de gamme ou récemment ouverts de Dublin. En vous y prenant quelques jours à l'avance, vous ne devriez pas avoir de problème pour obtenir une table.

AMBIANCES DE PUBS

Commencez la découverte des pubs dublinois par un saut dans l'inconnu au très discret Bar With No Name (p. 91) avant d'aller goûter à l'ambiance bohème du Grogan's Castle Lounge (p. 93). De là, faites une halte au Long Hall (p. 93) en vous dirigeant vers le sud au cœur de SoDa. Wexford St et Camden St abritent l'excellent Anseo (p. 91). De retour au centre-ville, jetez au moins un coup d'œil au Ron Black's (p. 50) avant de repartir vers SoDa pour un verre au Stag's Head (p. 94). Aventurez-vous enfin dans le chaos de Temple Bar. Le Palace Bar (p. 74) accueille parfois des concerts traditionnels.

GRATUIT

La visite des musées et galeries nationaux est gratuite, y compris celle du superbe Irish Museum of Modern Art (p. 99). Si vous passez par la National Gallery, pensez à y prendre le ticket donnant accès aux Government Buildings (p. 54). Également gratuite, la visite guidée de Leinster House (p. 55) – siège du Parlement – nécessite cependant une réservation préalable. Les places à l'architecture georgienne sont toutes librement accessibles. Ne manquez pas d'aller jeter un œil à la Bank of Ireland (p. 40) sur College Green – qui accueillit autrefois le premier Parlement irlandais – avant de déambuler sur le beau campus du Trinity College (p. 40) et de faire une halte éventuelle à la Douglas Hyde Gallery (p. 40).

Fresque murale d'une boutique de musique à Temple Bar (p. 64)

LES QUARTIERS

Avec son centre-ville compact et très peu de dénivelé, Dublin est une ville idéale pour les piétons. La marche y est le meilleur moyen de se déplacer, d'autant que la plupart des lieux touristiques sont assez proches du centre. Quant à ceux qui demandent un peu plus d'efforts, ils en valent largement la peine. Alors oubliez votre véhicule et explorez librement la ville au grand air.

Pour vous en faciliter l'exploration, nous avons divisé la ville en 8 zones, dont 6 au sud de la Liffey concentrent les principales curiosités touristiques. Grafton Street et ses environs incarnent la principale zone de divertissement de Dublin, tandis que Temple Bar palpite au rythme de l'activité touristique et que SoDa représente le quartier branché. Pleins de charme, Kilmainham et Les Liberties, à l'ouest du centre-ville, offrent beaucoup à visiter mais peu d'endroits où sortir. À l'est, le vaste quartier georgien de Dublin s'étend autour de Merrion Sq et de St Stephen's Green, englobant la majeure partie des musée nationaux. Plus à l'est encore, au-delà du Grand Canal, les riches faubourgs du sud abritent les derniers restaurants à la mode.

Au nord de la Liffey, le quartier d'O'Connell Street et de ses environs rassemble les monuments de ce qui fut jadis le cœur de la ville et reste son artère la plus majestueuse. Sa rénovation après des années de déshérence a signé son retour sur le devant de la scène. À l'ouest, Smithfield et Phoenix Park correspondent à un quartier résidentiel plus traditionnel et à l'immense parc de la ville.

Pour un aperçu de la vie quotidienne des Dublinois hors du centre-ville, consultez les encadrés *À voir* du chapitre sur O'Connell St. Ils présentent quelques lieux à découvrir en bord de mer, à l'est de Dublin, et plusieurs sites d'intérêt au nord du Royal Canal.

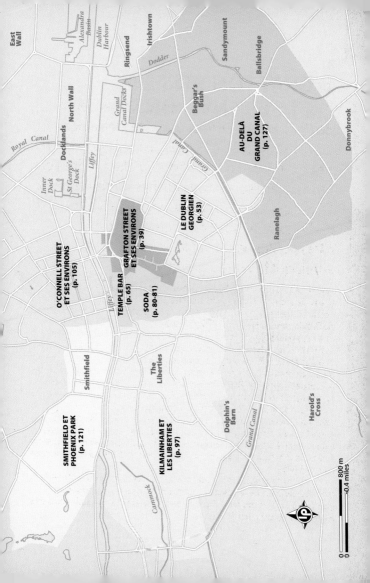

East Wall

Alexandra Basin

Dublin Harbour

Irishtown

Sandymount

Ballsbridge

Ringsend

Dodder

North Wall

Beggar's Bush

Docklands

Grand Canal Docks

Donnybrook

Royal Canal

Liffey

AU-DELÀ DU GRAND CANAL (p. 127)

Inner Dock

St George's Dock

Grand Canal

Ranelagh

O'CONNELL STREET ET SES ENVIRONS (p. 105)

LE DUBLIN GEORGIEN (p. 53)

GRAFTON STREET ET SES ENVIRONS (p. 39)

Liffey

TEMPLE BAR (p. 65)

SODA (p. 80-81)

Smithfield

The Liberties

Grand Canal

Harold's Cross

SMITHFIELD ET PHOENIX PARK (p. 121)

Dolphin's Barn

KILMAINHAM ET LES LIBERTIES (p. 97)

Cammock

800 m
0
0.4 miles
0

> GRAFTON STREET ET SES ENVIRONS

Cette courte rue piétonne doit son nom au duc de Grafton, propriétaire, au XVIIe siècle, de la majeure partie de ses immeubles. Elle est bordée à son extrémité nord par le College Green, qui donne sur les imposantes façades du prestigieux Trinity College, et par la Bank of Ireland, édifice bâti pour accueillir le premier Parlement irlandais. Une statue de Molly Malone, célèbre personnage de chanson irlandaise, marque l'entrée de la principale artère commerçante de la ville, où règne une animation permanente de vendeurs de babioles chargés de sacs, et d'artistes de rue enthousiastes. Son extrémité sud plonge dans la verdure de St Stephen's Green, le parc georgien préféré des Dublinois.

GRAFTON STREET ET SES ENVIRONS

◉ VOIR
Bank of Ireland	1	C2
Douglas Hyde Gallery	2	D2
Kerlin Gallery	3	C3
Science Gallery	4	F2
Trinity College	5	D2

🛍 SHOPPING
Alias Tom	6	C3
Angles	(voir 27)	
Appleby	7	C3
Avoca Handweavers	8	C2
Brown Thomas	9	C3
BT2	10	C3
Cathach Books	11	D3
Chica	(voir 27)	
Design Centre	(voir 20)	
Designyard	12	D2
Dunnes Stores	13	C3
Great Outdoors	14	C3
H Danker	15	C3
Hodges Figgis	16	D3
Magills	17	C3
Murder Ink	18	D3
Optica	19	C3
Powerscourt Centre	20	C3
Rhinestones	21	C2
Sheridans Cheesemongers	22	C3
Stephen's Green Shopping Centre	23	C4
Tommy Hilfiger	24	C2
Waterstone's	25	D3
Weir & Sons	26	C2
Westbury Mall	27	C3

🍴 SE RESTAURER
Avoca Cafe	(voir 8)	
Bleu	28	D4
Eddie Rocket's	(voir 36)	
Gotham Café	29	C3
Harry's Cafe	30	D4
Marco Pierre White Steakhouse & Grill	31	D3
Nude	32	C2
Steps of Rome	33	C3
Thornton's	34	C4
Trocadero	35	C2

🍸 PRENDRE UN VERRE
Kehoe's	36	C3
La Cave	37	C3
O'Neill's	38	C2
Ron Black's	39	D3

★ SORTIR
Bewley's Café Theatre	40	C3
Gaiety Theatre	41	C3
International Bar	42	C2
Lillies Bordello	43	C2
Screen	44	D1

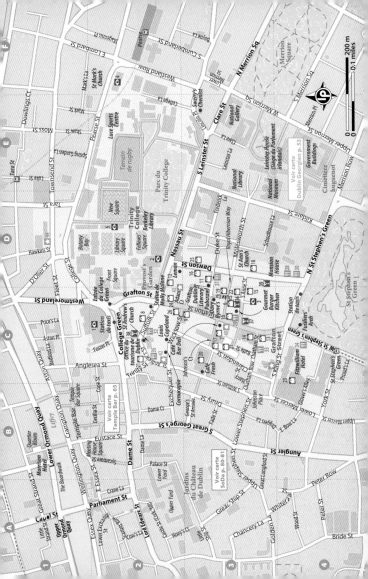

⊙ VOIR

⊙ BANK OF IRELAND

☎ 671 1488, 677 6801 ; www.bankofireland.ie ; College Green ; gratuit ; ⏲ 10h-16h lun-mer et ven, 10h-17h jeu ; 🚌 ts ceux du centre-ville, 🚉 Tara St

La Bank of Ireland fut installée dans l'édifice bâti pour le parlement irlandais après l'Acte d'union de 1801. À l'intérieur, la Chambre des communes fut alors remodelée, mais celle des lords resta intacte. Ses boiseries en chêne irlandais, son horloge en acajou et ses tapisseries méritent le coup d'œil. Vous pouvez profiter des visites guidées gratuites organisées le mardi à 10h30, 11h30 et 13h45.

⊙ DOUGLAS HYDE GALLERY

☎ 896 1116 ; www.douglashydegallery.com ; Trinity College ; gratuit ; ⏲ 11h-18h lun-mer et ven, 11h-19h jeu, 11h-16h45 sam ; 🚌 ts ceux du centre-ville, 🚉 Pearse, Tara St

Cette merveilleuse galerie, cachée dans un endroit discret du Trinity College, échappe parfois au public du fait de son emplacement. Son programme ambitieux est résolument tourné vers l'art contemporain, et les expositions qui s'y tiennent sont souvent associées à des films, concerts ou "manifestations" annexes.

⊙ KERLIN GALLERY

☎ 670 9093 ; www.kerlin.ie ; Anne's Lane, S Anne St ; gratuit ; ⏲ 10h-17h45 lun-ven, 11h-16h30 sam ; 🚌 10, 14, 14a, 15

Cachée derrière une porte ordinaire, dans une petite ruelle, la Kerlin Gallery est ce que l'on fait de mieux en la matière. Dans un espace réduit sont exposées les œuvres d'art abstrait et conceptuel, de grands avant-gardistes irlandais, tels Sean Scully ou Jaki Irvine.

⊙ SCIENCE GALLERY

☎ 896 4091 ; www.sciencegallery.ie ; gratuit ; ⏲ expositions généralement 12h-18h mar-dim ; 🚌 ts ceux du centre-ville, 🚉 Pearse, Tara St

La plus récente galerie de la ville explore d'une manière rafraîchissante, animée et documentée les relations entre science, art et monde actuel. Les expositions nous invitent de façon pragmatique à nous interroger sur notre environnement quotidien.

⊙ TRINITY COLLEGE

☎ 896 1000 ; www.tcd.ie/Library/old-library ; jardins gratuits, visite Long Room/Book of Kells 10 € , moins de 12 ans gratuit ; ⏲ jardins 8h-24h, Long Room/Book of Kells 9h30-17h lun-sam, 9h30-16h30 dim, 12h-16h30 dim oct-mai ; 🚌 ts ceux du centre-ville, 🚉 Pearse, Tara St

La plus célèbre université du pays est un havre de paix victorien au

Longue de 65 m, la Long Room de Trinity College abrite près de 200 000 ouvrages

cœur de la ville, fondé en 1592 par Élisabeth Ire. La plupart de ses bâtiments et jardins paysagers datent des XVIIIe et XIXe siècles, mais sa principale curiosité est bien plus âgée. Il vous faudra patienter pour admirer le *Book of Kells,* l'un des plus remarquables manuscrits enluminés au monde. Visites guidées de 30 minutes possibles : voir le site Internet et p. 10.

🛍 SHOPPING

🛍 ALIAS TOM *Mode*
☎ 671 5443 ; Duke Lane ; ⏰ 9h30-18h lun-mer, ven et sam, 9h30-20h jeu ; 🚌 ts ceux du centre-ville, 🚊 St Stephen's Green
La meilleure boutique de créateurs pour hommes de Dublin. Le personnel sympathique vous guide parmi les tenues décontractées de grandes marques, telles Burberry

et YSL. À l'étage inférieur, costumes classiques et chaussures Patrick Cox.

🛍 ANGLES *Bijoux*
☎ 679 1964 ; Westbury Mall ; ⏰ 10h-18h lun-mer, ven et sam, 10h-19h jeu ; 🚌 ts ceux du centre-ville, 🚊 St Stephen's Green
Ici, pas de bijoux fantaisie, mais des présentoirs de bijoux contemporains, réalisés à la main par de talentueux artisans dublinois. Commandes et expéditions vers l'étranger possibles.

🛍 APPLEBY *Bijoux*
☎ 679 9572 ; 5-6 Johnson's Ct ; ⏰ 9h30-17h30 lun-mer et ven, 9h30-19h jeu, 9h30-18h sam ; 🚌 ts ceux du centre-ville, 🚊 St Stephen's Green
Célèbre pour la haute qualité de ses bijoux en or et en argent, Appleby privilégie un style assez traditionnel.

Idéal pour acheter bagues de diamants, boutons de manchettes à saphir ou montres Raymond Weil.

🏠 AVOCA HANDWEAVERS
Mode et décoration

☎ 677 4215 ; 11-13 Suffolk St ; 🕙 10h-18h lun-mer, ven et sam, 10h-20h jeu, 11h-18h dim ; 🚌 ts ceux du centre-ville

Mêlant l'habillement, l'équipement de la maison, l'alimentation (en sous-sol) et un excellent café au dernier étage, Avoca incarne un art de vivre irlandais confortable et plein de style. De nombreux vêtements ont été confectionnés dans l'usine de la marque, à Wicklow. Fantastique rayon enfants.

🏠 BROWN THOMAS
Grand magasin

☎ 605 6666 ; 95 Grafton St ; 🕙 9h-20h lun-mer et ven, 9h-21h jeu, 9h-19h sam, 10h-19h dim ; 🚌 ts ceux du centre-ville, 🚇 St Stephen's Green

Atmosphère précieuse dans le grand magasin le plus chic de la ville, à la disposition quasi artistique. On y trouve un choix de cosmétiques de luxe, de belles chaussures, de décoration exotique, de vêtements de grandes marques : Balenciaga, Stella McCartney, Lainey Keogh et Philip Treacy.

🏠 BT2 *Mode*

☎ 679 5666 ; 88 Grafton St ; 🕙 9h-18h30 lun-mer et ven, 9h-21h jeu,

Dernières tendances dans une vitrine Brown Thomas

9h-19h sam, 10h-18h30 dim ; 🚌 ts ceux du centre-ville, 🚇 St Stephen's Green

La version branchée de Brown Thomas offre une mode haut de gamme décontractée et des marques (DKNY, Custom, Ted Baker, Diesel et Tommy Hilfiger). À l'étage, un bar à jus domine Grafton St.

🏠 CATHACH BOOKS *Livres*

☎ 671 8676 ; 10 Duke St ; 🕙 9h30-17h45 lun-sam ; 🚌 ts ceux du centre-ville

La meilleure adresse pour les éditions rares et anciennes d'œuvres irlandaises, notamment de Wilde, Joyce, Yeats et Beckett, et pour son choix d'éditions originales signées.

CHICA *Mode*
☎ 633 4441 ; Westbury Mall ;
🕐 10h-18h mar, mer, ven et sam, 10h-19h jeu ; 🚌 ts ceux du centre-ville, 🚇 St Stephen's Green

Une adresse indispensable pour sortir de l'ordinaire avec d'élégantes robes de chez Sika, Ugo Zaldi ou de sa propre marque, Chica Boutique.

DESIGN CENTRE
Mode
☎ 679 5718 ; Powerscourt Centre ;
🕐 10h-18h lun-mer et ven, 10h-20h jeu, 9h30-18h sam ; 🚌 ts ceux du centre-ville, 🚇 St Stephen's Green

Consacré à une mode féminine de bonne facture : ensembles classiques, tenues de soirée et tricots. On y trouve de nombreuses marques de stylistes irlandais, comme N&C Kilkenny, Pauric Sweeney, Roisin Linnane et Philip Treacy. Autres marques : Ben De Lisi, Ophelie et La Petite Salope.

DESIGNYARD
Bijoux, artisanat
☎ 474 1011 ; 48-49 Nassau St ;
🕐 9h30-18h30 lun-mer et ven, 9h30-20h jeu, 9h-18h30 sam, 10h-18h dim ; 🚌 ts ceux du centre-ville

Ici, artisanat de luxe, où tous les objets – verrerie, batiks, sculptures, peintures – sont uniques et réalisés à la main en Irlande. Des bijoux contemporains de jeunes créateurs internationaux sont aussi présentés.

DUNNES STORES
Grand magasin
☎ 671 4629 ; 62 Grafton St ;
🕐 9h-18h30 lun-mer, ven et sam, 9h-21h jeu, 12h-18h dim ; 🚌 ts ceux du centre-ville, 🚇 St Stephen's Green

Dune est très prisé des familles irlandaises pour ses vêtements de tous les jours à prix abordable, ce qui n'empêche pas sa collection Savida d'être à la pointe de la mode. Très beau rayon décoration. Il existe plusieurs magasins dans Dublin.

GREAT OUTDOORS
Équipement de plein air
☎ 679 4293 ; 20 Chatham St ; 🕐 9h30-17h30 lun-mer, ven et sam, 9h30-20h jeu ; 🚌 ts ceux du centre-ville, 🚇 St Stephen's Green

Ce magasin d'équipement de plein air est sans doute le meilleur de la ville. Vous y trouverez tout le nécessaire pour randonner, camper, surfer, faire de l'alpinisme, nager... Son tableau d'affichage est rempli d'infos.

H DANKER
Antiquités et bijoux
☎ 677 4009 ; 10 S Anne St ; 🕐 9h30-17h lun-sam ; 🚌 ts ceux du centre-ville

Pleine à craquer de ravissantes trouvailles, cette boutique est spécialisée dans l'argenterie, les bijoux et les objets d'art anciens d'Irlande et d'Angleterre.

☐ HODGES FIGGIS *Livres*

☎ 677 4754 ; 57 Dawson St ; ☽ 9h-19h lun-mer et ven, 9h-20h jeu, 9h-18h sam, 12h-18h dim ; 🚌 ts ceux du centre-ville

La librairie la plus complète de Dublin satisfera tous les lecteurs. Au rez-de-chaussée, très grande sélection d'ouvrages sur l'Irlande.

☐ MAGILLS *Épicerie fine*

☎ 671 3830 ; 14 Clarendon St ; ☽ 9h30-17h45 lun-sam ; 🚌 ts ceux du centre-ville, 🚊 St Stephen's Green

Sa vieille façade pleine de caractère et son petit intérieur sombre laissent imaginer la Clarendon St d'autrefois. La famille qui tient le lieu semble avoir choisi un par un ses fromages italiens et français, son huile d'olive, ses paquets de pâtes italiennes et sa charcuterie.

☐ MURDER INK *Livres*

☎ 677 7570 ; 15 Dawson St ; ☽ 10h-17h30 lun-sam, 12h-17h dim ; 🚌 ts ceux du centre-ville, 🚊 St Stephen's Green

Cette librairie spécialisée a rassemblé toutes sortes de romans policiers et d'intrigue et a poussé l'art du classement à son paroxysme.

☐ OPTICA *Accessoires*

☎ 677 4705 ; 1 Royal Hibernian Way ; ☽ 9h30-17h30 lun-mer, ven et sam, 9h30-18h30 jeu ; 🚌 ts ceux du centre-ville, 🚊 St Stephen's Green

L'endroit parfait pour échanger vos vieilles binocles contre des modèles

renversants ou pour vous équiper de lunettes de soleil Chanel, D&G, Stella McCartney et Oliver Peoples.

☐ POWERSCOURT CENTRE *Centre commercial*

☎ 679 4144 ; 59 S William St ; ☽ 10h-18h lun-mer et ven, 10h-20h jeu, 9h-18h sam, 12h-18h dim ; 🚌 ts ceux du centre-ville, 🚊 St Stephen's Green

C'est dans ce centre commercial luxueux et feutré que les amateurs de shopping viennent arpenter boutiques, salons de beauté, magasins d'art, d'artisanat et d'antiquités du 1er étage. Installé dans un bâtiment du XVIIIe siècle, le Powerscourt Centre abrite également Design Centre et FCUK ainsi qu'un excellent restaurant végétarien. Le Powerscourt Cafe, situé dans la cour, est l'occasion d'une pause agréable.

☐ RHINESTONES *Bijoux*

☎ 679 0759 ; 18 St Andrew's St ; ☽ 9h-18h30 lun-mer, ven et sam, 9h-20h jeu, 12h-18h dim ; 🚌 ts ceux du centre-ville

Superbes pièces anciennes et étonnants bijoux fantaisie des années 1920 à 1970 (de 25 à 2 000 €). Jais de l'ère victorienne, émaux des années 1950, turquoises Art déco, nacre des années 1930, colliers en cristal et verre taillé, bracelets, broches et bagues. Dans cette bijouterie, tous ces trésors sont exposés par couleur dans des présentoirs à l'ancienne.

SHERIDANS CHEESEMONGERS *Épicerie fine*
☎ 679 3143 ; 11 S Anne St ; ⏰ 10h-18h lun-ven, 9h30-18h sam ; 🚌 ts ceux du centre-ville, 🚃 St Stephen's Green

Ce paradis pour amateurs de fromages, aux étagères chargées de produits de la ferme, est le royaume de Kevin et Seamus Sheridan, qui ont presque à eux seuls fait renaître la tradition fromagère irlandaise (près de soixante variétés proposées). Vous pouvez les goûter sur place et rapporter du saumon sauvage irlandais, des pâtes italiennes et des olives.

STEPHEN'S GREEN SHOPPING CENTRE
Centre commercial
☎ 478 0888 ; angle S King St et W St Stephen's Green ; ⏰ 9h-18h lun-mer, ven et sam, 9h-21h jeu, 12h-18h dim ; 🚌 ts ceux du centre-ville, 🚃 St Stephen's Green

Dans cette version "années 1980" d'une galerie marchande du XIXe siècle, les spectaculaires balcons intérieurs et le patio central semblent disproportionnés par rapport aux chaînes qu'ils abritent : Boots, Benetton et un grand Dunnes Store avec supermarché, mais aussi un stock TK Maxx, spécialiste des grandes marques dégriffées.

Le spectaculaire intérieur du Stephen's Green Shopping Centre

Débauche de fromages chez Sheridans (p. 45)

☐ TOMMY HILFIGER *Mode*
☎ 633 7010 ; 13-14 Grafton St ;
🕐 9h30-19h lun-mar, 9h30-20h mer et ven, 9h30-21h jeu, 9h-19h sam, 11h-18h dim ; 🚌 ts ceux du centre-ville,
🚇 St Stephen's Green

Tommy Hilfiger décrit son style comme du "traditionnel revisité", ce qui convient assez bien à des vêtements séduisant autant les jeunes femmes que les rappeurs. Le styliste américain s'est installé dans la plus prestigieuse artère commerçante de Dublin fin 2008.

☐ WATERSTONE'S *Livres*
☎ 679 1415 ; 7 Dawson St ; 🕐 9h-19h lun-mer et ven, 9h-20h jeu, 9h-18h30

sam, 12h-18h dim ; 🚌 ts ceux du centre-ville

Malgré sa taille et ses nombreux niveaux, Waterstone's a su conserver une ambiance intimiste chère aux amateurs de lecture. Parmi son vaste choix d'ouvrages, 5 étagères sont dédiées aux romans irlandais. Séances de dédicaces chaque jeudi soir, consulter le tableau extérieur.

☐ WEIR & SONS *Bijoux*
☎ 677 9678 ; 96-99 Grafton St ; 🕐 9h-17h30 lun-mer, ven et sam, 9h-20h jeu ; 🚌 ts ceux du centre-ville

Ouverte dans Grafton St en 1869, cette bijouterie, la plus vaste d'Irlande, a conservé ses présentoirs en bois d'origine et un atelier sur place. Elle propose des bijoux neufs et anciens (de style celtique) et un large choix de montres, d'objets

SHOPPING MALIN
L'idée de battre le pavé à la recherche de bonnes affaires ou d'un souvenir original vous épuise d'avance ? Détendez-vous, prenez une tasse de thé et faites-le en ligne.

> www.buy4now.ie – On trouve de tout sur ce site Internet rassemblant plusieurs enseignes irlandaises, depuis les vacances au ski jusqu'aux coffrets DVD de séries télévisées.

> www.shopirishwithmoytura.com – Objets sur le thème de l'Irlande : *bodhráns* (tambours), souvenirs de la Saint-Patrick ou biscuits.

en cristal, porcelaine ou cuir et d'accessoires de voyage.

📷 WESTBURY MALL
Centre commercial

Clarendon St ; 🕐 **10h-18h lun-sam, 12h-17h dim ;** 🚍 **ts ceux du centre-ville, 🚋 St Stephen's Green**

Coincé entre le Westbury Hotel cinq étoiles et les bijouteries cossues de Johnson's Ct, ce petit centre commercial abrite quelques coûteuses boutiques spécialisées, proposant un peu de tout : tapis persans, boutons et dentelles ou jolis jouets en bois.

🍴 SE RESTAURER

🍴 AVOCA CAFE *Café* €€
☎ **672 6019 ; www.avoca.ie ; Avoca Handweavers, 11-13 Suffolk St ;** 🕐 **10h-17h lun-sam, 10h30-17h dim ;** 🚍 **ts ceux du centre-ville ;** Ⓥ 🚻

Caché au-dessus d'Avoca Handweavers (p. 42), ce spacieux café était l'un des secrets les mieux gardés de Dublin, jusqu'à sa découverte par la jet-set du shopping. Jouez des coudes au milieu des sacs de créateurs pour avoir une table, où vous dégusterez des plats rustiques à base de produits bio, comme la *shepherd's pie* (hachis parmentier), le mouton grillé au couscous ou de superbes salades. Buffet de salades à emporter et comptoir de plats chauds au sous-sol.

🍴 BLEU
Irlandais moderne €€€
☎ **676 7015 ; www.bleu.ie ; Joshua House, Dawson St ;** 🕐 **12h-15h et 18h-23h ;** 🚋 **St Stephen's Green ;** Ⓥ

Avec ses sièges en cuir et ses grandes baies vitrées donnant sur la chic Dawson St, cet avant-poste haut de gamme de la cuisine irlandaise moderne, tenu par Eamon O'Reilly, est l'endroit où voir et être vu. Confit de poitrine de porc, champignons sauvages, risotto à l'estragon et hamburger de noix d'entrecôte devraient calmer les appétits.

🍴 GOTHAM CAFÉ *Pizzas* €€
☎ **679 5266 ; www.gothamcafe.ie ; 8 S Anne St ;** 🕐 **12h-24h lun-sam, 12h-22h30 dim ;** 🚋 **St Stephen's Green ;** Ⓥ 🚻

Une adresse jeune et animée, décorée de pochettes d'albums des Rolling Stones, qui étend son thème new-yorkais jusqu'au nom de ses pizzas, reflétant les différents quartiers de Big Apple. Chinatown et Noho sont nos préférées, mais il est possible d'opter pour des pâtes, des *crostini* ou des salades asiatiques. Enfants bienvenus.

🍴 HARRY'S CAFE *Café* €€
☎ **639 4889 ; www.harryscafe.ie ; 22 Dawson St ;** 🕐 **12h-16h lun, 12h-23h mar-sam, 12h-22h30 dim ;** 🚍 **ts ceux du centre-ville, 🚋 St Stephen's Green ;** Ⓥ 🚻

Endroit agréable et belle carte des vins, pour la plupart exposés contre les murs de brique. Spécialités maison : hamburgers bio, "saucisses-purée" traditionnel, légumes méditerranéens au four recouverts de fromage de chèvre fondu.

🍴 MARCO PIERRE WHITE STEAKHOUSE & GRILL *Grill* €€€
☎ 677 1155 ; www.fitzers.ie ;
51 Dawson St ; 🕐 12h-23h ;
🚇 St Stephen's Green

En 2009, le groupe de restauration Fitzer's s'est acquis une belle notoriété en associant le *bad boy* de la gastronomie britannique, Marco Pierre White, à son nouvel établissement. Savoureux steaks, viandes grillées et poissons.

🍴 NUDE *Café* €
☎ 677 4804 ; www.nude.ie ;
21 Suffolk St ; 🕐 8h-21h lun-mer,
ven et sam, 8h-21h30 jeu, 8h-19h dim ;
🚌 ts ceux du centre-ville ; V

Malgré les nombreux "bars à jus" qui ont fleuri dans la ville, ces dernières années, le moderne Nude (tenu par le frère du célèbre Bono) a su préserver son identité. Il propose de délicieux *wraps* (galettes fourrées) aux garnitures d'inspiration asiatique, divers ragoûts, et des jus de fruits frais additionnés de spiruline que vous pourrez déguster sur place ou à emporter.

L'une des longues tablées du Powerscourt Centre (p. 44)

REPOS !

Inutile d'entamer un marathon shopping dans les rues de Dublin jusqu'à ce que vos jambes refusent de vous porter. Plusieurs magasins abritent des cafés tranquilles et confortables où faire une pause, quelques provisions et planifier la suite de votre programme.

> Avoca Handweavers (p. 47)
> Brown Thomas (p. 42)
> Kilkenny (p. 59)
> Powerscourt Centre (p. 44)
> Winding Stair (p. 116)

🍴 STEPS OF ROME *Italien* €

☎ 670 5630 ; Chatham St ;
🕐 10h-24h ; 🚌 ts ceux du centre-
ville, 🚇 St Stephen's Green

À deux pas de Grafton St, l'adresse de ce minuscule café est un secret de Polichinelle. On peut y emporter des parts de pizzas à l'ancienne ou s'installer aux côtés d'Italiens pour déguster une assiette de pâtes "comme là-bas". L'endroit est toujours bondé mais le service efficace. Patientez un peu et vous y trouverez une place.

🍴 THORNTON'S

Européen moderne €€€

☎ 478 7008 ; www.thorntons restaurant.com ; Fitzwilliam Hotel, 128 W St Stephen's Green ; 🕐 12h30-14h et 19h-22h mar-sam ; 🚌 ts ceux du centre-ville, 🚇 St Stephen's Green

Si Kevin Thornton a perdu sa deuxième étoile au Michelin il y a quelques années, son interprétation savoureuse de la cuisine française moderne a su lui conserver sa clientèle. Service impeccable et magnifique dans une salle donnant sur St Stephen's Green.

🍴 TROCADERO

Irlandais traditionnel €€€

☎ 677 5545 ; www.trocadero.ie ; 4 St Andrew's St ; 🕐 17h-24h lun-sam ; 🚌 ts ceux du centre-ville

Il fut un temps où le "Troc" était la seule adresse de Dublin où faire une

---

RESTAURANT POUR NOCTAMBULES

La plupart des restaurants arrêtent de servir vers 22h, mais il existe quelques adresses pour les couche-tard. **Eddie Rocket's** (☎ 679 7340 ; www.eddierockets.ie ; 7 S Anne St ; 🕐 7h30-1h, 7h30-4h30 dim-jeu), a ainsi sauvé plus d'un Dublinois affamé. Cette cantine joyeuse et bon marché au décor américain des années 1950 sert de tout, des petits déjeuners aux hamburgers-frites.

---

petite folie, en espérant y croiser des célébrités. Les temps ont changé, mais ce chaleureux restaurant Art déco attire toujours acteurs de la vieille école, journalistes, musiciens et cadres de la télévision. Rien d'extraordinaire à la carte, mais des classiques toujours réussis.

🍸 PRENDRE UN VERRE

🍸 KEHOE'S *Pub*

☎ 677 8312 ; 9 S Anne St ; 🚌 ts ceux du centre-ville

L'une des meilleures ambiances de pub de Dublin. Autour de son superbe bar victorien, le Kehoe's offre une multitude de coins et de recoins intimes et confortables. À l'étage, on est servi dans un décor rappelant que la salle fut jadis le salon des propriétaires.

▼ LA CAVE *Bar à vins*

☎ 679 4409 ; 28 S Anne St ; 🕑 12h30-tard lun-sam, 18h-tard dim ; 🚌 ts ceux du centre-ville, 🚇 St Stephen's Green

L'extérieur ressemble à un repaire de gangsters, mais il suffit de s'aventurer dans ses escaliers pour découvrir un bar à vins chic et très parisien. Les murs écarlates et les petites tables accueillent une foule compacte au rythme de la salsa brésilienne. Cuisine correcte, décor et carte des vins superbes.

▼ O'NEILL'S *Pub*

☎ 679 3671 ; 2 Suffolk St ; 🚌 ts ceux du centre-ville

Un mélange étrange et chaotique de courtiers et d'étudiants compose la clientèle de ce vieux pub labyrinthique, proche de Trinity, qui remplaça à la fin du XIXe siècle la taverne installée sur les lieux depuis près 300 ans. Bonne cuisine.

▼ RON BLACK'S *Pub*

☎ 672 8231 ; 37 Dawson St ; 🕑 11h-23h30 lun-mer, 11h-2h jeu-sam, 12h-23h dim ; 🚌 10, 14, 14a, 15

En dépit de son gigantisme, cette adresse assez chic a su conserver une atmosphère agréable grâce aux chaleureux lambris, aux fauteuils en cuir et à l'éclairage tamisé de ses immenses lustres. À l'étage, le récent bar à champagne attire une jeunesse dorée et élégante.

★ SORTIR

★ BEWLEY'S CAFÉ THEATRE *Spectacles*

☎ 086 878 4001 ; www.bewleyscafe theatre.com ; 78-79 Grafton St ; 8-15 € ; 🕑 12h50 et 20h30 ; 🚇 St Stephen's Green ; ♿

La scène de la belle "salle orientale" du Bewley's Café est réputée pour les excellentes représentations données à l'heure du déjeuner (l'entrée comprend une soupe et un sandwich). En soirée, programme varié : théâtre, comédie et jazz.

★ GAIETY THEATRE *Spectacles*

☎ 677 1717 ; www.gaietytheatre. com ; S King St ; 10-20 € ; 🕑 billetterie 10h-19h lun-sam ; 🚌 ts ceux du centre-ville, 🚇 St Stephen's Green ; ♿

La restauration dernière de ce théâtre victorien, ouvert en 1871, lui a rendu son lustre d'antan. Il offre un répertoire éclectique : pièces modernes, comédies musicales, spectacles pour enfants, comédies et œuvres de Shakespeare, et accueille une saison de l'Opera Ireland. Le vendredi et le samedi soir, soirées salsa et soul jusqu'à 4h.

★ INTERNATIONAL BAR *Comédie*

☎ 677 9250 ; www.international-bar. com ; 23 Wicklow St ; 10/8 € ; 🕑 comédie lun, mer-sam 21h ; 🚌 ts ceux du centre-ville

Voici un fantastique pub, magnifiquement décoré de vitraux et de miroirs, qui accueille depuis longtemps des spectacles de comédie et organise des soirées jazz et blues tous les mardis. C'est sur les planches de l'International Bar qu'ont débuté plusieurs célébrités irlandaises, parmi lesquelles on peut citer Ardal O'Hanlon (qui incarne le personnage de Dougal dans la série télévisée britannico-irlandaise *Father Ted*) ou les comiques Dara O'Briain et Des Bishop.

⭐ **LILLIES BORDELLO** *Club*
☎ 679 9204 ; www.lilliesbordello.ie ; Adam Ct ; 10-20 € ; 🕙 23h-3h ;
🚌 ts ceux du centre-ville
Cette discothèque est strictement réservée aux starlettes, people branchés et rock stars de passage dans la ville. Il ne faut cependant pas espérer côtoyer toutes ces célébrités, qui disparaissent dans le carré VIP dès leur arrivée. Sans surprise, les grands tubes et la musique commerciale sont à l'honneur chez Lillies Bordello.

Comique sur scène à l'International Bar

⭐ **SCREEN** *Cinéma*
☎ 672 5500 ; 2 Townsend St ; avant/après 18h 6,50/8,50 € ; 🕙 14h-22h30 ;
🚌 5, 7, 7a, 8, 14, 🚊 Tara St ; ♿
Entre Trinity College et O'Connell Bridge, les 3 salles du Screen offrent un assez bon choix de films indépendants et d'art et d'essai.

>LE DUBLIN GEORGIEN

Si la population huppée de Dublin travaille et s'amuse désormais à l'est de Grafton St, au milieu de splendides bâtiments, il n'en a pas toujours été ainsi. Jusqu'au milieu du XVIIIe siècle, l'aristocratie dublinoise était fermement établie au nord de la Liffey. Quand James Fitzgerald, comte de Kildare, décida d'en franchir la rive et de faire bâtir sa demeure au sud, on railla ce déménagement en rase campagne. Sûr de lui et doté d'un flair immobilier certain, le comte affirma alors : "Où que j'aille, la haute société me suivra." L'avenir lui donna rapidement raison. Leinster House abrite aujourd'hui le parlement irlandais et constitue l'épicentre du Dublin georgien, ainsi nommé car son édification coïncida pour l'essentiel avec la période de succession sur le trône d'Angleterre de quatre rois George (1714-1830). Ce quartier abrite des musées, de beaux édifices, des jardins paysagers et certaines des meilleures tables de la ville.

LE DUBLIN GEORGIEN

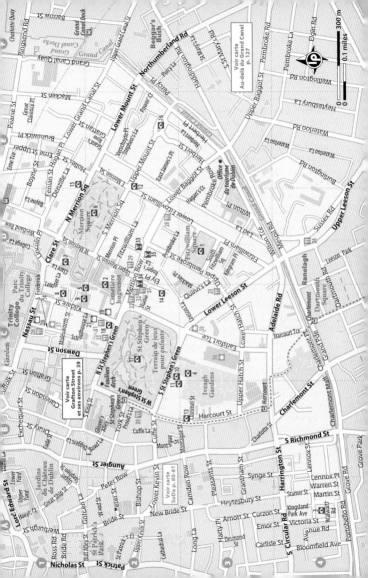

VOIR

FITZWILLIAM SQUARE

🚌 10, 11, 13b, 46a, 5

La plus petite et plus récente place georgienne de Dublin est entourée de façades immaculées et de portes et impostes en éventail au décor complexe. Les médecins et les avocats de la journée sont remplacés par des femmes d'un autre commerce en soirée. Accès au jardin central réservés aux résidents.

GOVERNMENT BUILDINGS

☎ 662 4888 ; www.taoiseach.gov.ie ; Upper Merrion St ; gratuit, billets disponibles à la National Gallery le jour de la visite ; 🕐 visites 10h30-13h30 sam ; 🚌 7, 7a, 8, 45, 🚇 Pearse

Sous leur dôme, ces bâtiments (interprétation édouardienne du style georgien), achevés en 1911, abritèrent d'abord le Royal College of Science. Visite du bureau du taoiseach (Premier ministre), de la salle du Conseil des ministres, de l'escalier de cérémonie, orné d'objets d'art et d'un vitrail dessiné par Evie Hone pour l'Exposition universelle de New York de 1939.

IRISH-JEWISH MUSEUM

☎ 453 1797 ; 4 Walworth Rd ; gratuit ; 🕐 11h-15h30 mar, jeu et dim mai-sept, 10h30-14h30 dim oct-avr ; 🚌 14, 15, 16, 19, 83, 122

Dans une maison de l'ancien quartier juif de Portobello, ce musée retrace la vie de la communauté juive à travers divers objets et supports documentaires, et reconstitue une cuisine typique du XIXe siècle. L'étage abrite une ancienne synagogue, abandonnée depuis les années 1970.

IVEAGH GARDENS

☎ 475 7816 ; www.heritageireland.ie ; Clonmel St ; gratuit ; 🕐 8h-coucher du soleil lun-sam, 10h-coucher du soleil dim ; 🚌 14, 14a, 15a, 15b, 🚇 Harcourt

Autrefois appelé Jardin secret, ce magnifique parc paysager est situé derrière Newman House. Il est moins fréquenté que son voisin St Stephen's Green et on y accède par Earlsfort Tce ou Harcourt St.

LE STYLE GEORGIEN

L'époque georgienne correspond approximativement aux années comprises entre l'accession au trône de George Ier, en 1714, et la mort de George IV en 1830. Son style s'inspire des réalisations de l'architecte italien du XIVe siècle Andrea Palladio, pour qui la raison et les principes de l'Antiquité classique devaient présider à la construction des bâtiments.

À Dublin, le formalisme austère de ce style a été tempéré par l'utilisation de portes colorées, de délicates impostes en éventail, de ferronneries très travaillées et d'exubérants décors intérieurs en stuc.

L'une des nombreuses statues des Iveagh Gardens

Conçu en 1863 par Ninian Niven, il comprend une très belle grotte, une cascade, une fontaine, un labyrinthe et une roseraie.

◉ LEINSTER HOUSE

☎ 618 3000, renseignements sur la visite 618 3271 ; www.oireachtas.ie ; Kildare St ; gratuit ; 👁 galerie d'observation 14h30-20h30 mar, 10h30-20h30 mer, 10h30-17h30 jeu nov-mai ; 🚌 7, 7a, 8, 10, 11, 13, 🚊 Pearse

La demeure georgienne la plus majestueuse de Dublin, construite par Richard Cassels entre 1745 et 1748 pour le grand James Fitzgerald, comte de Kildare, est depuis 1925 le siège du Dáil (Chambre basse) et du Seanad (Chambre haute),

du parlement irlandais. La façade donnant sur Kildare St fut conçue pour ressembler à une maison de ville, et celle de Merrion à une maison rurale. La Maison-Blanche aux États-Unis, créée par l'architecte irlandais James Hoban, s'inspirerait de sa conception. Visites guidées hors des séances du Parlement – voir le site Internet.

◉ MERRION SQUARE

🚌 5, 7, 7a, 8, 45 ; 🚊 Pearse

Alignés autour de Merrion Square, d'imposants bâtiments georgiens dotés de gratte-pieds et de belles portes agrémentées d'imposites en éventail et de heurtoirs, incarnent l'élégance de l'époque. Oscar Wilde, W.B. Yeats et Daniel O'Connell notamment y ont vécu. Le parc central est idéal pour une pause pique-nique.

◉ NATIONAL GALLERY OF IRELAND

☎ 661 5133 ; www.nationalgallery.ie ; W Merrion Sq ; gratuit ; 👁 9h30-17h30 lun-mer, ven et sam, 9h30-20h30 jeu, 12h-17h30 dim ; 🚌 5, 7, 7a, 10, 13a, 44c, 48a, 🚊 Pearse

Près de 13 000 tableaux, esquisses, gravures et sculptures composent la collection de la National Gallery dont L'Arrestation du Christ du Caravage, l'incroyable collection Beit, constituée de chefs-d'œuvre de Vermeer, Vélasquez et Goya, ainsi

CHEFS-D'ŒUVRE DE LA NATIONAL GALLERY

> *The Liffey Swim*, Jack B. Yeats
> *Lady Writing a Letter (Jeune Femme écrivant une lettre)*, Vermeer
> *The Cottage Girl (Petite paysanne au chien et à la cruche)*, Gainsborough
> *Still Life with Mandolin (Nature morte à la mandoline)*, Picasso

que les peintures de Jack B. Yeats, frère de William Butler Yeats.

NATIONAL LIBRARY

☎ 603 0200 ; www.nli.ie ; Kildare St ; gratuit ; 🕙 10h-21h lun-mer, 10h-17h jeu et ven, 10h-13h sam ; 🚌 10, 11, 13
Sous son dôme, la splendide salle de lecture figure dans l'*Ulysse*, de James Joyce. Sa vaste collection réunit des manuscrits anciens, des éditions originales, des cartes et autres pièces. Expositions temporaires au rez-de-chaussée et Genealogical Office au 2e étage.

NATIONAL MUSEUM OF IRELAND – ARCHAEOLOGY

☎ 677 7444 ; www.museum.ie ; Kildare St ; gratuit ; 🕙 10h-17h mar-sam, 14h-17h dim ; 🚌 7, 7a, 10, 25x, 39x, 51d, 51x, 🚆 Pearse
Dans un édifice de style palladien organisé autour d'une rotonde massive coiffée d'un dôme, de colonnes de marbre classiques et de plafonds et sols ornés de mosaïques complexes, la section archéologie du Musée National expose objets en or de l'âge du bronze, ferronneries celtes, objets vikings et reliques égyptiennes antiques. Renseignez-

Embarquez pour un pèlerinage dans *Ulysse* sous le dôme de la salle de lecture de la National Library

LE ZOO DES MORTS

Lors de la rédaction de ce guide, le **Natural History Museum** (☎ 677 7444 ; www.museum.ie ; Merrion St), surnommé le "zoo des morts" en raison de sa magnifique collection d'animaux empaillés et de trophées, était fermé pour rénovation. La réouverture n'est pas prévue avant 2011.

vous à l'avance sur les programmes du week-end pour les familles.

◉ NEWMAN HOUSE
☎ 716 7422 ; 85-86 S St Stephen's Green ; 5/4 € ; ◷ visites 12h, 14h, 15h et 16h mar-ven juin-août ; 🚌 10, 11, 13, 14, 15a, 🚊 St Stephen's Green
Rattachées à l'University College de Dublin, ces deux belles maisons de ville georgiennes rénovées proposent un décor intérieur en stuc spectaculaire. L'Apollo Room et le Saloon furent réalisés par Paolo et Filippo Lafranchini et complétés plus tard par Robert West. James Joyce et l'ancien président irlandais Eamon De Valera y furent étudiants.

◉ NEWMAN UNIVERSITY CHURCH
☎ 478 0616 ; 83 S St Stephen's Green ; ◷ 8h-18h lun-sam ; 🚌 10, 11, 13, 14, 14a, 15a, 15b
Cette église catholique de style byzantin fut édifiée entre 1854 et 1856. Ses marbres colorés et ses multiples feuilles d'or en firent l'un des lieux favoris des mariages de la haute société. Un buste du cardinal Newman, fondateur de la première université catholique, orne l'église.

◉ NUMBER 29
☎ 702 6165 ; www.esb.ie ; 29 Lower Fitzwilliam St ; 5/2,50 € ; ◷ 10h-17h jeu-sam, 13h-17h dim, fermé 2 semaines avant Noël ; 🚌 6, 7, 10, 45, 🚊 Pearse
Bâtie en 1794 pour la veuve d'un marchand de vin, la bâtisse du n° 29 reconstitue la vie domestique entre 1790 et 1820 dans une maison raffinée. La visite guidée de 30 minutes donne un aperçu fascinant des mœurs de l'époque : les deux bains annuels, les appareils de gymnastique (cheval d'exercice en cuir) pour dames ou les miroirs discrets des salles à manger, permettant aux domestiques d'exécuter les ordres sans écouter les conversations autour de la table.

◉ ORIGIN GALLERY
☎ 478 5159 ; 83 Harcourt St ; gratuit ; ◷ 10h-17h lun-ven, 12h-16h sam ; 🚌 14, 15, 16, 19, 🚊 Harcourt
Au 1er étage d'un bâtiment georgien, cette charmante galerie présente les œuvres des artistes ayant séjourné dans son atelier du comté de Kerry, comme Cill Rialaig, et soutient les expositions d'artistes émergents. Les acheteurs auront la possibilité de payer en plusieurs fois.

◉ RHA GALLAGHER GALLERY

☎ 661 2558 ; www.royalhibernian
academy.com ; 25 Ely Pl ; gratuit ;
🕐 11h-17h mar-sam, 14h-17h dim ;
🚌 10, 11, 13b, 51x

Créée en 1823, la Royal Hibernian
Academy accueille cinq galeries.
Trois consacrées à sa propre
collection, présentent les œuvres
d'artistes visuels irlandais et
internationaux. L'Ashford Gallery du
rez-de-chaussée met en valeur le
travail de membres de l'académie
et d'artistes encore peu connus, et
la Dr Tony Ryan Gallery abrite des
collections publiques et privées.

◉ ROYAL INSTITUTE OF ARCHITECTS OF IRELAND

☎ 676 1703 ; www.riai.ie ; Merrion Sq ;
gratuit ; 🕐 9h30-17h lun-ven ;
🚌 5, 7, 27x, 44, 45

La galerie de ce "QG" de
l'architecture irlandaise présente
des expositions pointues allant
des constructions des minorités
ethniques aux trottoirs irlandais. Les
récompenses décernées par l'institut
lui-même reflètent par ailleurs
l'évolution architecturale du pays.

◉ ST STEPHEN'S CHURCH

☎ 288 0663 ; Mount St Cres ;
🕐 uniquement durant le service,
11h dim ; 🚌 5, 7, 7a, 8, 45, 46,
🚉 Grand Canal Dock

Construite en 1825 dans un style
néogrec, cette église est souvent

MUSIQUE DIVINE

De nombreuses églises de Dublin
possèdent de très bonnes chorales,
sachant tirer parti de leur remarquable
acoustique.
> Christ Church Cathedral (p. 98) –
  vêpres chantées par la chorale 4 fois
  par semaine.
> St Patrick's Cathedral (p. 102) –
  vêpres chantées par la chorale.
  Autour du 24 décembre, essayez
  de réserver une place pour venir
  écouter les chants de Noël.
> St Stephen's Church (à gauche)
  – le "poivrier" offre une superbe
  acoustique.

désignée sous le nom de Pepper
Canister Church ("église du poivrier")
en raison de sa forme. Elle accueille
de temps à autre des concerts
classiques.

◉ ST STEPHEN'S GREEN

Gratuit ; 🕐 8h-coucher du soleil lun-
sam ; 🚉 Pearse, 🚋 St Stephen's Green

Difficile d'imaginer, lorsqu'on
profite des 9 ha du parc paysager
le plus populaire de la capitale,
que les condamnés étaient jadis
fouettés, battus et pendus en public.
Aujourd'hui, le lieu accueille pique-
niques du midi et promenades.
Durant l'été, employés de bureau,
amoureux et touristes s'y réfugient
pour respirer l'air frais, nourrir les
canards ou se prélasser sur l'herbe.
Voir aussi p. 14.

Couleurs vives et pelouses vertes – St Stephen's Green est l'endroit idéal pour une promenade tranquille

TAYLOR GALLERIES
☎ 676 6055 ; 16 Kildare St ; gratuit ;
⏰ 10h-17h30 lun-ven, 11h-15h sam ;
🚌 10, 11, 13, 🚃 Pearse

Voici la première galerie de Dublin, fondée en 1978. Installée dans un beau bâtiment georgien, elle présente à une clientèle fortunée les plus grands artistes contemporains irlandais dont Louis Le Brocquy, Helen Comerford, James O'Connor et Brian Bourke.

SHOPPING

CLEO Mode
☎ 676 1421 ; 18 Kildare St ;
⏰ 9h-17h30 lun-sam ; 🚌 11, 11a, 14, 14a, 15a, 🚃 St Stephen's Green

Vêtements en tricot ou au crochet faits main de tout le pays (dont un superbe choix de pulls des îles d'Aran), constituent l'essentiel de la collection de cette boutique. Les motifs sont typiquement irlandais : pulls ornés de reproductions de gravures celtiques et de dessins anciens.

KILKENNY Artisanat
☎ 677 7066 ; 5-6 Nassau St ;
⏰ 8h30-18h lun-mer et ven, 8h30-20h jeu, 8h30-18h sam, 11h-18h dim ;
🚌 ts ceux du centre-ville

Installé de longue date, ce vaste magasin propose des objets d'artisanat irlandais contemporains et originaux : tricots modernes colorés, vêtements de créateurs, sacs Orla Kiely ou bijoux en argent. La verrerie et la poterie sont issues d'ateliers de tout le pays. Une bonne adresse pour des cadeaux.

LES QUARTIERS

LE DUBLIN GEORGIEN

☒ MITCHELL & SON WINE MERCHANTS *Vin*

☎ 676 0766 ; 21 Kildare St ;
🕑 9h-17h30 lun-ven, 10h30-17h30 sam ; 🚌 11, 11a, 14, 14a, 15a,
Ⓣ St Stephen's Green

Le tandem père-fils annoncé par l'enseigne Mitchell est aux commandes depuis des générations. Vins, champagnes, whiskey, cigares cubains ou objets sur le même thème vous y sont proposés.

🍴 SE RESTAURER

🍴 BANG CAFÉ

Européen moderne €€€

☎ 676 0898 ; www.bangrestaurant. com ; 11 Merrion Row ; 🕑 12h30-15h et 18h30-22h30 lun-sam ; 🚌 10, 11, 13b, 51

Récompensé d'un Bib Gourmand par le Guide Michelin, Lorcan Cribbin (ancien chef du Ivy de Londres) sert une cuisine savoureuse et très recherchée : bar au four façon thaïe, médaillons de bœuf ou coquilles Saint-Jacques poêlées. Réservation indispensable.

🍴 BENTLEY'S OYSTER BAR & GRILL *Irlandais moderne* €€€

☎ 638 3939 ; www.bentleysdublin.com ; 22 St Stephen's Green ; 🕑 12h-14h30 et 18h-23h lun-sam, 12h-16h et 18h-22h dim

Le succès de cette adresse, adaptation réussie de la version originale londonienne est dû au chef Richard Corrigan. La cuisine irlandaise moderne de la carte s'ajoute à un bar à huîtres proposant un choix de produits délicieux de Galway ou de Carlingford, accommodés de différentes façons.

🍴 CANAL BANK CAFÉ

Bistrot €€€

☎ 664 2135 ; www.canalbankcafe.com ; 146 Upper Leeson St ; 🕑 10h-23h, 11h-23h sam et dim ; 🚌 11, 46, 118

À deux pas du canal, le café franco-américain de Trevor Browne est lumineux. À la carte, moules-frites, hamburgers et *fish and chips*, mais ici, rien de trivial dans la cuisine, constante dans l'excellence. Les prix sont les mêmes en journée et en soirée.

🍴 DAX *Français* €€€

☎ 676 1494 ; www.dax.ie ; 23 Upper Pembroke St ; 🕑 12h-14h15 mar-ven, 18h-23h mar-sam ; 🚌 10, 11, 46b

Olivier Meisonnave, ex-maître d'hôtel du Thornton, s'est lancé dans sa propre aventure aux côtés du chef irlandais Pól Óhéannraich en ouvrant ce luxueux restaurant de cuisine française rustique, installé dans un sous-sol lumineux. Les palais avertis se délecteront du bar à la purée de céleri-rave, du porc au jambon serrano ou du risotto à la truffe.

🍴 DUNNE & CRESCENZI
Bar à vins italien €

☎ 675 9892 ; www.dunneandcrescenzi. com ; 14-16 S Frederick St ; ⏲ 9h-19h lun et mar, 9h-22h mer-sam ; 🚌 ts ceux du centre-ville ; Ⓥ ⚫

Cette adresse où les bouteilles s'alignent sur les étagères, ravit ses habitués avec une carte simple et des plats authentiques : paninis, plat unique de pâtes et assiette d'antipasti variés arrosés d'huile d'olive. Café et desserts parfaits.

🍴 ELY *Irlandais moderne* €€€
☎ 676 8986 ; www.elywinebar.ie ; 22 Ely Pl ; ⏲ 12h-15h lun-ven, 13h-16h sam, 18h-21h30 lun-mer, 18h-22h30 jeu-sam ; 🚌 10, 15

De délicieux hamburgers, *bangers and mash* (saucisses-purée) ou salades au saumon fumé sont au menu de ce restaurant installé en sous-sol. Qualité assurée grâce aux produits bio et fermiers de la famille du propriétaire habitant dans le comté de Clare. Plus de 70 vins au verre sont proposés sur la longue carte. Un deuxième établissement Ely a ouvert dans l'ancien entrepôt de tabac du Customs House Quay.

🍴 L'ECRIVAIN *Français* €€€
☎ 661 1919 ; www.lecrivain.com ; 112 Lower Baggot St ; ⏲ 12h30 14h lun-ven, 19h-23h lun-sam ; 🚌 10, 11, 13b, 51

Avec ses deux étoiles au Michelin, L'Ecrivain est l'un des meilleurs restaurants de la ville, selon de nombreux gastronomes. Des produits de saison d'une grande fraîcheur – saumon sauvage, langoustines, veau ou canard de Barbarie – sont associés à des sauces et accompagnements originaux et présentés comme des œuvres d'art. Personnel chaleureux et attentif.

🍴 RESTAURANT PATRICK GUILBAUD *Français* €€€
☎ 676 4192 ; www.restaurantpatrick guilbaud.ie ; 21 Upper Merrion St ; ⏲ 12h30-14h15 et 19h30-22h15 mar-sam ; 🚌 ts ceux du centre-ville

Tables dressées au Restaurant Patrick Guilbaud

Voici l'autre prétendant au titre de meilleure table de Dublin. Lui aussi a été doublement étoilé pour la cuisine française "campagnarde" de Guillaume Lebrun et pour le service rigoureux faisant ici d'un repas une expérience quasi parfaite. Les plats sont d'une étonnante simplicité : juste d'excellents produits, cuits à la perfection et bien présentés.

SHANAHAN'S ON THE GREEN *Grill* €€€

☎ 407 0939 ; www.shanahans.ie ; 119 W St Stephen's Green ; 🕑 fermé au déj lun-jeu, sam et dim ; 🚌 ts ceux du centre-ville, 🚊 St Stephen's Green ; 🚹
Le terme de "grill à l'américaine" rend bien peu justice à ce beau restaurant avant tout dédié à la viande : les pièces de bœuf Angus les plus tendres et les plus savoureuses du pays sont accompagnées d'une montagne de beignets d'oignons. Les sommeliers sont eux aussi parmi les meilleurs.

TOWN BAR & GRILL
Européen moderne €€€

☎ 662 4724 ; www.townbarandgrill.com ; 21 Kildare St ; 🕑 12h-23h, 12h-22h dim ; 🚌 10, 11, 15, 🚊 St Stephen's Green
L'atmosphère un peu étouffante de la belle salle au plafond bas, installée en sous-sol, est compensée par une carte alléchante : foie d'agneau, lapin rôti, agneau farci aux poivrons doux.

DUBLIN >62

UNICORN *Italien* €€€

☎ 676 2182 ; 12b Merrion Ct, Merrion Row ; 🕑 12h30-15h30 et 18h-23h30 lun-sam ; 🚌 10, 11, 13b, 51x ; 🇻
Le samedi midi chez Unicorn est une tradition dublinoise vieille de plus de 50 ans. Dans une ambiance bruyante, l'établissement branché accueille personnalités médiatiques, politiques ou avocats autour du très prisé buffet d'antipasti. Nous avons cependant préféré les plats carnés.

▼ PRENDRE UN VERRE

DOHENY & NESBITT'S *Pub*

☎ 676 2945 ; 5 Lower Baggot St ; 🚌 10, 11, 13b, 51x
Petites alcôves, lambris sombre et plafond en métal estampé dans ce pub, ouvert en 1867 comme épicerie. Non loin de Leinster House (p. 55), il est l'un des QG des politiciens et des journalistes.

O'DONOGHUE'S *Pub*

☎ 676 2807 ; 15 Merrion Row ; 🚌 10, 11, 13b, 51x
Pub de musique traditionnelle le plus connu de Dublin, où débuta le célèbre groupe folk The Dubliners, dans les années 1960. Les soirs d'été, une clientèle jeune et internationale se répand jusque dans l'arrière-cour.

LA TOURNÉE

Impossible d'aller à deux dans un pub pour n'y prendre qu'un verre. La tournée constitue en effet le fondement de la culture du pub. La règle est simple : dès lors qu'on vous offre un verre, il est d'usage d'en offrir un en retour, de préférence lorsque la personne qui vous l'a offert termine le sien (et pas quand vous finissez le vôtre). Rien de tel pour tomber en disgrâce auprès d'un Irlandais que le manquement à cette "loi du pub".

 TONER'S *PUB*

☎ **676 3090 ; 139 Lower Baggot St ;** 🚌 **10, 11, 13b, 51x**

Avec ses dalles de pierre au sol et ses anciens tiroirs et étagères d'épicerie, Toner's évoque un pub de campagne en plein cœur de la ville. De style victorien, simple, il attire essentiellement une clientèle d'hommes d'affaires et de journalistes. Sans être un pub à touristes, il séduit de nombreux visiteurs venus goûter à son charme simple.

 # SORTIR

⭐ **NATIONAL CONCERT HALL**
Spectacles

☎ **réservations 417 0000, renseignements 417 0077 ; www.nch.ie ; Earlsfort Tce ;** 🕐 **billetterie 10h-19h lun-sam ;** 🚌 **10, 11, 13, 14, 15, 44, 86,** 🚇 **Harcourt**

La principale salle de concerts classiques du pays accueille le National Symphony Orchestra et autres artistes internationaux, des concerts de jazz, de musique contemporaine ou traditionnelle irlandaise. De juin à septembre, tarif réduit le mardi de 13h à 14h, et en été, représentations pour les enfants.

⭐ **RENARD'S** *Club*

☎ **677 5876 ; www.renards.ie ; S Frederick St ; gratuit-10 € ;** 🕐 **22h30-2h30 ;** 🚌 **ts ceux du centre-ville**

Géré par le parrain de l'acteur Colin Farrell et lieu de sortie favori de ce dernier (et d'autres célébrités) lors de ses visites en ville, voici une petite discothèque au filtrage très serré en cas d'affluence. On y passe de la house, et parfois de la soul, du funk et du jazz.

⭐ **SUGAR CLUB**
Club et concerts

☎ **678 7188 ; www.thesugarclub.com ; 8 Lower Leeson St ; 8-20 € ;** 🕐 **à partir de 20h ;** 🚌 **11, 46, 118**

Installez-vous sur une vaste banquette, avec un cocktail, et profitez des concerts d'étoiles montantes (jazz, folk, rock, ou indé) et des spectacles de comédie dans l'une des salles les plus confortables et les plus modernes de Dublin.

>TEMPLE BAR

D'innombrables soirées épiques se sont déroulées dans le quartier le plus touristique de Dublin, dédale de ruelles pavées et d'allées reliant le Trinity College et la Christ Church Cathedral, entre Dame St et la Liffey. Surnommé depuis longtemps "quartier culturel" de Dublin, Temple Bar en possède indéniablement certains aspects. Ce titre quelque peu surfait cache néanmoins une réalité plus superficielle, conséquence inévitable d'une volonté implacable de commercialiser à tout prix le concept inquantifiable "d'expérience dublinoise", comme si la combinaison de masques africains fabriqués en Chine et de musique traditionnelle fatiguée incarnait l'identité multiculturelle de la ville.

Tout n'y est heureusement pas qu'ivresse et opportunisme : on peut chiner des vêtements vintage, admirer les dernières installations artistiques, s'offrir un piercing ou se régaler d'une fondue mongole. Par beau temps, les places accueillent des projections de films en plein air et des sessions de percussions, qui participent elles aussi à la réputation de ce célèbre quartier.

TEMPLE BAR

🅞 VOIR

Hôtel de ville	1	B3
Contemporary Music Centre	2	A3
Cultivate	3	B3
Gallery of Photography	4	C3
National Photographic Archive	5	C2
Original Print Gallery	6	D2
Sunlight Chambers	7	B2
Temple Bar Gallery & Studios	8	D2

🅗 SHOPPING

5 Scarlet Row	9	B3
Claddagh Records	10	D2
Cow's Lane Designer Mart	11	B3
Flip	12	D3
Forbidden Planet	13	E2
Haus	14	D3
Retrospect	15	B3
Marché fermier de Temple Bar	16	C2
Urban Outfitters	17	D2

🅘🅘 SE RESTAURER

Chameleon	18	D2
Eden	19	C2
Elephant & Castle	20	E2
Gruel	21	D3
Larder	22	B3
Mermaid Café	23	C3
Monty's of Kathmandu	24	D3
Queen of Tarts	25	B3
Queen of Tarts	26	B3
Tea Room	27	C2
Zaytoon	28	B2

🅨 PRENDRE UN VERRE

Octagon Bar	29	C2
Oliver St John Gogarty's	30	E2
Palace Bar	31	F2
Porterhouse Brewing Company	32	B2

⭐ SORTIR

Button Factory	33	D2
Ha'penny Bridge Inn	34	D2
Irish Film Institute	35	D3
Mezz	36	D3
Olympia Theatre	37	C3
Project Arts Centre	38	C2
Think Tank	39	D3

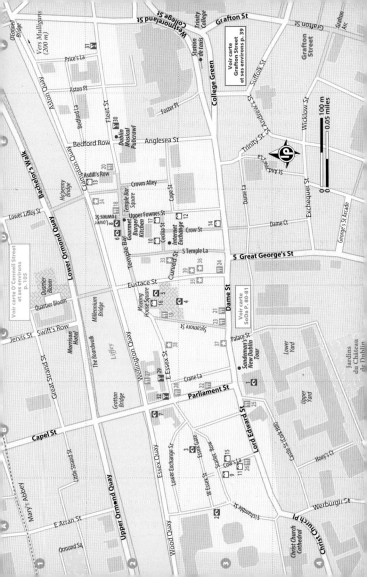

LES QUARTIERS

TEMPLE BAR

VOIR

HÔTEL DE VILLE

☎ 222 2204 ; www.dublincity.ie ;
Cork Hill ; 4/2 € ; 🕓 10h-17h15 lun-sam,
11h-17h dim ; 🚌 50, 50a, 54, 56a, 77,
77a, 123, 150

Rénovation réussie des colonnes,
du dôme, de la rotonde dorée et du
sol au style georgien. Édifié entre
1769 et 1779 par Thomas Cooley
pour la Bourse du commerce, le
lieu accueillit aussi les obsèques de
Michael Collins et Charles Stewart
Parnell, célèbres patriotes irlandais.
Sous ses arcades, l'exposition
Story of the Capital retrace

L'ORATORIO D'HAENDEL

En 1742, le compositeur Georg Friedrich
Haendel, alors presque ruiné, dirigea la
première représentation de son épique
Messie au Dublin Music Hall, situé à
l'époque dans la plus ancienne rue de
la ville, Fishamble St. Jonathan Swift
– auteur des *Voyages de Gulliver* et
doyen de la St Patrick's Cathedral – qui
avait initialement proposé à Haendel la
participation de ses propres chœurs et
de ceux de la cathédrale de Christchurch,
refusa finalement l'invitation de ce
dernier, jurant de "punir ces vicaires
pour leur rébellion, leur désobéissance
et leur perfidie". Le concert eut
néanmoins lieu, et le chef-d'œuvre est
désormais joué chaque année à Dublin à
l'emplacement d'origine du Dublin Music
Hall, aujourd'hui détruit.

l'histoire de Dublin au travers
d'objets, maquettes et documents
multimédias intéressants.

CONTEMPORARY MUSIC CENTRE

☎ 490 1857 ; www.cmc.ie ;
19 Fishamble St ; gratuit ; 🕓 10h-17h30
lun-ven ; 🚌 ts ceux du centre-ville

Lieu incontournable pour la
musique irlandaise contemporaine.
À l'écoute, près de 5 000 extraits
musicaux. À disposition, un orgue
électronique. Possibilité d'assister
à des cours et de rencontrer les
compositeurs dans la bibliothèque.

CULTIVATE

☎ 674 5773 ; www.sustainable.ie ;
15-19 W Essex St ; gratuit ; 🕓 10h-17h30
lun-sam ; 🚌 ts ceux du centre-ville

Pour tout savoir sur le mode de
vie écologique, entrez dans ce
centre consacré au développement
durable. Vente allant des vélos
électriques aux fourneaux à
granulés de bois et organisation
d'ateliers et brunchs autour de
l'écogastronomie.

GALLERY OF PHOTOGRAPHY

☎ 671 4654 ; www.galleryof
photography.ie ; Meeting House Sq ;
gratuit ; 🕓 11h-18h mar-sam, 13h-18h
dim ; 🚌 ts ceux du centre-ville

La galerie photographique
principale du pays propose de

nombreuses expositions, souvent autour du thème de l'Irlande, dont des images du Dublin d'autrefois.

National Photographic Archive

☎ 603 0371 ; www.nli.ie ; gratuit ; ⏱ 10h-17h lun-ven, 10h-14h sam ; 🚌 ts ceux du centre-ville

Face à la Gallery of Photography, les archives photographiques nationales exposent pour l'essentiel des clichés historiques issus de la collection de la National Library.

Original Print Gallery

☎ 677 3657 ; www.originalprint.ie ; 4 Temple Bar ; gratuit ; ⏱ 10h30-17h30 lun-ven, 11h-17h sam, 14h-18h dim ; 🚌 ts ceux du centre-ville, 🚆 Jervis

Cette galerie rassemble les estampes de près de 150 artistes irlandais et internationaux, ainsi que des œuvres plus récentes en tirage limité. Leur diversité et leur prix (commençant à moins de 100 €) en font une adresse idéale pour un beau cadeau.

Sunlight Chambers

Essex Quay ; 🚌 ts ceux du centre-ville

Sur la rive sud de la Liffey, les Sunlight Chambers se distinguent de l'architecture georgienne ou moderne environnante par la frise de la fin du XIXe siècle ornant leur façade. Sunlight est une marque de savon jadis produite par les frères Lever. La frise illustre leur vision du

monde : les hommes salissent les vêtements, les femmes les lavent…

Temple Bar Gallery & Studios

☎ 671 0073 ; www.templebargallery.com ; 5-9 Temple Bar ; ⏱ 11h-18h mar, mer, ven et sam, 11h-19h jeu ; 🚌 ts ceux du centre-ville, 🚆 Jervis

TBG expose d'intéressantes œuvres contemporaines, réalisées sur des supports très variés par de nombreux artistes locaux et internationaux (dont certains encore

Ruelle animée de Temple Bar

méconnus). Installée en 1983 dans un atelier d'artiste, la galerie loue des studios à des tarifs raisonnables.

🛍 SHOPPING

🏠 5 SCARLET ROW *Mode*
☎ 672 9534 ; 5 Scarlet Row, W Essex St ; 🕐 11h-18h lun-sam ; 🚌 ts ceux du centre-ville

Si vous cherchez du beau, du moderne, de l'exclusif, du minimaliste, essayez les créations d'Eley Kishimoto, de Zero, de la styliste irlandaise Sharon Wauchob ou de la marque pour hommes Unis. La propriétaire, Eileen Shields, a travaillé avec Donna Karan à New York avant de créer sa marque de chaussures, vendue ici.

🏠 CLADDAGH RECORDS
Musique
☎ 677 0262 ; 2 Cecilia St ; 🕐 10h30-17h30 lun-ven, 12h-17h30 dim ; 🚌 ts ceux du centre-ville, 🚋 Jervis

Le meilleur magasin de la ville pour tous vos achats de musique folk, traditionnelle et ethnique. Le personnel compétent et sympathique vous guidera parmi des sons venus d'Irlande, des États-Unis et d'Amérique du Sud.

🏠 COW'S LANE DESIGNER MART *Mode et accessoires*
Cow's Lane ; 🕐 10h-17h sam ; 🚌 ts ceux du centre-ville

Chaque samedi, ce marché très branché compte une soixantaine d'étals parmi les meilleurs de Dublin : on y trouve des T-shirts punk, des sacs à main rétro, des vêtements de créateurs, mais aussi des démonstrations de filage de laine et les réalisations du seul créateur irlandais de bijoux en ivoire.

🏠 FLIP *Mode*
☎ 671 4299 ; 4 Fownes St ; 🕐 10h-18h lun-mer et ven, 10h-19h jeu et sam, 13h30-18h dim ; 🚌 ts ceux du centre-ville, 🚋 Jervis

Le top de la mode masculine des années 1950 revisité par cette marque irlandaise. Jeans, chemises orientales, hawaïennes ou d'universités américaines, T-shirts à logo et vestes en cuir façon Happy Days côtoient les fripes de l'étage.

🏠 FORBIDDEN PLANET *Livres*
☎ 671 0688 ; 5-6 Crampton Quay ; 🕐 10h-19h lun-mer et ven, 10h-20h jeu, 10h-18h sam, 11h-16h dim ; 🚌 ts ceux du centre-ville, 🚋 Abbey St

Spécialisé dans la science-fiction et le fantasy : livres, vidéos, BD, revues, figurines et affiches. L'endroit est parfait pour dénicher les oreilles du Dr Spock ou un sabre laser de *La Guerre des étoiles*.

⌂ HAUS *Décoration*

☎ 679 5155 ; 3-4 Crow St ;
🕐 9h-18h lun-ven, 10h-18h sam ;
🚌 ts ceux du centre-ville

Mobilier et objets de décoration sont signés des plus grands designers, tels Philippe Starck, Le Corbusier ou l'Irlandaise Eileen Gray.

⌂ RETROSPECT *Décoration*

☎ 672 6188 ; 2 Cow's Lane ;
🕐 11h30-18h30 lun, ven et sam, 11h30-17h mer, 11h30-19h jeu, 11h-16h dim ;
🚌 ts ceux du centre-ville

Replongez-vous dans l'ambiance des années 1960-1970. Au milieu d'une décoration vintage, incroyables objets en plastique, tables en Formica, lampes à lave ou fauteuils œuf suspendus.

⌂ MARCHÉ FERMIER DE TEMPLE BAR *Marché*

Meeting House Sq ; 🕐 9h-16h30 sam ;
🚌 ts ceux du centre-ville, 🚇 Jervis

Ce petit marché est parfait pour goûter un samedi matin à de savoureuses spécialités bio locales. De la viande séchée aux fleurs sauvages, le choix est large.

⌂ URBAN OUTFITTERS *Mode et décoration*

☎ 670 6202 ; 7 Fownes St ; 🕐 10h-19h lun-mer et ven, 10h-20h jeu et sam, 11h-18h dim ; 🚌 ts ceux du centre-ville

Les marques de vêtements *streetwear* côtoient des objets de décoration et divers gadgets dans cet établissement de la chaîne américaine éponyme.

Tentations gourmandes sur le marché fermier de Temple Bar

LES QUARTIERS

TEMPLE BAR

Tandis que le DJ mixe les sons des productions Carbon, les garçons hésitent entre les jeans G-Star, les pulls Pringle ou les pantalons Fiorucci et les filles entre les marques Claudie Pierlot, W&LT ou Mandarina Duck.

🍴 SE RESTAURER

🍴 CHAMELEON *Indonésien* €
☎ 671 0362 ; www.chameleon restaurant.com ; 1 Lower Fownes St ; 🕐 18h-23h mar-sam, 18h-22h dim ; 🚌 ts ceux du centre-ville ; 🚶 Ⓥ

Sous ses tentures exotiques, le chaleureux Chameleon sert de nombreux grands classiques indonésiens comme le poulet saté, le *gado gado* (légumes et sauce aux cacahouètes), le *nasi goreng* (riz sauté) et le *mee goreng* (nouilles sautées épicées). Que choisir ? Goûtez au *rijsttafel* – assortiment de plusieurs plats servi avec du riz.

🍴 EDEN *Irlandais moderne* €€
☎ 670 5372 ; www.edenrestaurant.ie ; Meeting House Sq ; 🕐 12h-15h et 18h-22h30, 18h-23h sam et dim ; 🚌 ts ceux du centre-ville ; 🚶 Ⓥ

Les murs de mosaïque aigue-marine et les immenses baies vitrées donnant sur Meeting House Sq forment le cadre assez minimaliste de l'Eden, peuplé d'une clientèle chic et branchée. La carte met à l'honneur les meilleurs produits bio de saison d'Irlande. Les noix

Tonalités douces au restaurant Eden

de Saint-Jacques de Castletownbere accompagnées de pommes de terre sautées et le filet de bœuf irlandais sont les stars du menu.

🍴 ELEPHANT & CASTLE *Café-restaurant* €€
☎ 679 3121 ; www.elephantandcastle.ie ; 18 Temple Bar ; 🕐 8h-23h30 lun-ven, 11h30-23h30 sam et dim ; 🚌 ts ceux du centre-ville ; 🚶 Ⓥ

Haut de gamme et très animé, voici le lieu parfait pour trouver de copieux sandwichs façon new-yorkaise ou de croustillantes ailes de poulets. Des familles, de riches banlieusards et de jeunes gens viennent les déguster, surtout le week-end.

SUR LE POUCE

Pas le temps de vous asseoir pour manger ? Voici quelques bonnes adresses au service rapide ou proposant des plats à emporter.
> Bar Italia (p. 114)
> Gruel (ci-dessous)
> Fallon & Byrne – rez-de-chaussée (p. 87)
> Simon's Place (p. 91)
> Honest to Goodness (p. 88)

🍽 GRUEL
Européen moderne €
☎ 670 7119 ; 68a Dame St ; 🕒 7h-21h30 lun-ven, 10h30-16h sam et dim ; 🚌 ts ceux du centre-ville ; Ⓥ
La meilleure table pour les adeptes des copieux et savoureux *roast-in-a-roll* du déjeuner (viandes bio cuites lentement servies dans des pains plats avec des sauces maison) et des plats exotiques de pâtes, poisson et poulet du dîner. Faites la queue pour manger au coude à coude avec les habitués : l'effort en vaut la peine.

🍽 LARDER *Café* €
☎ 633 3581 ; 8 Parliament St ; 🕒 7h30-17h30 lun-ven, 9h-17h30 sam ; 🚌 7b, 11, 121 ; 🚹 Ⓥ
Tendance bio pour ce chaleureux café restaurant, qui propose au petit déjeuner du porridge à l'avoine complète, de savoureux sandwichs – goûtez celui au jambon serrano,

gruyère et roquette – et des thés spéciaux *suki* (notamment du thé vert de Chine en poudre). Confiant (à juste titre) dans ses produits, il affiche le nom de ses fournisseurs.

🍽 MERMAID CAFÉ
Européen moderne €€€
☎ 670 8236 ; www.mermaid.ie ; 69 Dame St ; 🕒 12h30-14h30 et 18h-23h lun-sam, 12h30-15h et 18h-21h dim ; 🚌 ts ceux du centre-ville ; 🚹 Ⓥ
Ce bistrot de style franco-américain au mobilier simple comble les attentes d'une clientèle chic, qui apprécie sa carte inventive, tournée vers des produits bio de qualité. Mieux vaut réserver pour profiter des solides cassoulets, des croquettes de crabe, des steaks savoureux, ainsi que de son

PAS DE FUMÉE SANS FEU

Depuis la mise en application, fin mars 2004, de l'interdiction de fumer dans les lieux publics, les accros à la cigarette doivent désormais sortir de table pour aller assouvir leur besoin de nicotine à l'extérieur, quel que soit le temps. L'une des conséquences positives est que les zones fumeurs des bars et des restaurants sont désormais devenues d'excellents lieux de rencontre, rien ne remplaçant une petite discussion dans un coin discret pour faire connaissance avec un(e) inconnu(e).

LES QUARTIERS

TEMPLE BAR

Les yeux du Bouddha du restaurant Monty's of Kathmandu

ambiance informelle et de son personnel sympathique.

🍴 MONTY'S OF KATHMANDU
Népalais   €€

☎ 670 4911 ; www.montys.ie ;
28 Eustace St ; ⏰ 12h30-14h30
et 18h-23h lun-sam, 18h-23h dim ;
🚍 ts ceux du centre-ville ; Ⓥ

Plusieurs fois récompensé, Monty's a su se forger une clientèle fidèle à ses plats typiquement népalais comme le *gorkhali* (poulet cuit dans une sauce au piment, yaourt et gingembre) ou le *kachila* (viande crue marinée). Une bière Shiva accompagne parfaitement ces plats riches et relevés. Située face à l'Irish Film Institute (p. 75), l'adresse est pratique pour manger un morceau après une séance.

🍴 QUEEN OF TARTS
Pâtisserie et café   €

☎ 670 7499 ; Cork Hill ; ⏰ 7h30-18h
lun-ven, 9h-18h sam, 10h-18h dim ;
🚍 ts ceux du centre-ville ; 🚶

Ce minuscule établissement, doté d'un alléchant choix de tartes et *focaccias* fourrées, crumbles aux fruits et formidables pâtisseries, a connu un succès tel qu'une deuxième boutique plus vaste s'est ouverte à proximité, sur Cow's Lane. Toutes deux sont idéales pour le petit déjeuner ou le déjeuner.

🍴 TEA ROOM *Français et irlandais moderne*   €€€

☎ 407 0813 ; www.theclarence.ie ;
Clarence, 6-8 Wellington Quay ;
⏰ 7h-22h30 mar-sam ; 🚍 ts ceux du
centre-ville

Les assiettes sont à la hauteur du décor, composé d'un plafond voûté, de grandes fenêtres et de beaux lambris. Sous l'impulsion du chef Mathieu Melin, la carte ambitieuse revisite les classiques de la cuisine française à la mode irlandaise. Les plats de saison (l'agneau de printemps, le ris de veau ou le bar en sauce raisin et coriandre), bien exécutés et magnifiquement présentés, sont un vrai régal.

ZAYTOON
Moyen-Oriental   €
☎ 677 3595 ; 14-15 Parliament St ;
🕐 12h-4h ; 🚌 ts ceux du centre-ville
Pour un repas sur le pouce au retour d'une soirée arrosée, faites halte au meilleur kebab de la ville.

🍸 PRENDRE UN VERRE

🍸 MULLIGANS *Pub*
☎ 677 5582 ; 8 Poolbeg St ;
🚌 14, 44, 47, 48, 62, 🚆 Tara St
Juste au-delà du nord-est de Temple Bar, ce pub a abrité des scènes du film de Jim Sheridan, *My Left Foot* et sert de QG à des journalistes habitués. Ouvert en 1782, il est réputé servir la meilleure Guinness.

🍸 OCTAGON BAR *Bar*
☎ 670 9000 ; Clarence, 6-8 Wellington Quay ; 🚌 ts ceux du centre-ville
Propriété de U2, ce luxueux bar dégage une lumière artificielle et une musique anesthésiante. L'un des seuls lieux de Temple Bar où trouver

MICRORÉVOLUTION
Plusieurs petites brasseries de Dublin tentent de contrer la suprématie de Guinness. C'est notamment le cas de **Messrs Maguire** (carte p. 105, D4 ; ☎ 670 5777 ; www.messrsmaguire.ie ; 1-2 Burgh Quay), sorte de bar géant installé sur 3 niveaux, qui propose 5 bières brassées "maison", de l'épaisse *porter* à la Haus de style allemand. Autre adresse, la **Dublin Brewing Company** (carte p. 105, A3 ; ☎ 872 8622 ; www.simtec.us/dublinbrewing ; 141 N King St ; 🕐 9h-17h30 lun-ven) vend quatre bières de sa production (uniquement en journée), dont la populaire Revolution Red.

La plus connue d'entre toutes reste néanmoins la **Porterhouse Brewing Company** (☎ 679 8847 ; www.porterhousebrewco.com ; 16-18 Parliament St) à Temple Bar. Porterhouse est le résultat de l'association de deux cousins, Oliver Hughes et Liam Lahart qui comprirent en 1989 qu'il existait sur le marché une place pour les bières brassées localement. Ils apprirent vite à ne pas sous-estimer la soif des Dublinois en matière de boissons de bonne qualité. Leur petite brasserie d'origine de Temple Bar a vite pris de l'ampleur et produit désormais 10 délicieuses bières (dont l'Oyster stout, récompensée), destinées aux gosiers des amateurs de toute l'Irlande et du Royaume-Uni.

LES QUARTIERS

TEMPLE BAR

des trentenaires dublinois, voire une célébrité locale devant un cocktail.

▼ OLIVER ST JOHN GOGARTY'S *Pub de musique traditionnelle*
☎ 671 1822 ; 58-59 Fleet St ;
🕐 concerts 14h30-19h et 21h-2h lun-sam, 12h-14h, 17h-19h et 20h30-1h dim ;
🚌 ts ceux du centre-ville

Certes, ce ne sont pas ici les concerts les plus authentiques de Dublin, mais les musiciens venus divertir les touristes sont incontestablement doués. Arrivez tôt pour trouver une place assise.

▼ PALACE BAR *Pub*
☎ 677 9290 ; 21 Fleet St ;
🚌 ts ceux du centre-ville
Avec ses miroirs, ses vitres gravées et ses alcôves en bois, le Palace Bar

Le poète qui donna son nom au pub Oliver St John Gogarty's

est souvent cité comme l'exemple type d'un ancien pub dublinois. Prisé des journalistes de l'*Irish Times* voisin, il a accueilli en leur temps les écrivains Patrick Kavanagh et Flann O'Brien.

⭐ SORTIR

⭐ BUTTON FACTORY
Club et concerts

☎ 670 9202 ; www.buttonfactory.ie ; Curved St ; 🕙 à partir de 19h30 tous les soirs, club 23h30-3h30 jeu-dim ; 🚍 ts ceux du centre-ville

Une sonorisation exceptionnelle, une vaste scène, une piste de danse digne de ce nom et un bar au sol moquette à l'arrière font le succès de cette salle, sans doute l'une des meilleures pour ses concerts live et ses prestations de DJ. Du punk au dancehall, du rock alternatif à l'électro, il y en a pour tous les goûts. Enchaînez sur la soirée discothèque, celle du samedi soir étant dédiée à la Transmission (électro, dance).

⭐ HA'PENNY BRIDGE INN
Comédie

☎ 677 0616 ; 42 Wellington Quay ; 10/8 € ; 🕙 spectacles à partir de 21h mar-jeu ; 🚍 ts ceux du centre-ville

Du mardi au jeudi, on peut venir écouter des comédiens assez drôles (et d'autres vraiment catastrophiques) dans la salle à l'étage de cette institution

inchangée depuis les années 1970. Venez le mardi pour la "Battle of the Axe", une soirée d'improvisation où le public peut participer.

⭐ IRISH FILM INSTITUTE (IFI)
Cinéma

☎ 679 5744 ; www.irishfilm.ie ; 6 Eustace St ; matinée/soirée 7,50/8 € ; 🕙 centre 10h-23h30, films 14h-23h ; 🚍 ts ceux du centre-ville

L'IFI projette de grands classiques et les nouveautés du cinéma indépendant. Il faut être adhérent pour y assister, mais il est possible de prendre une adhésion hebdomadaire pour 1 € par groupe avec le billet. Des séances sont spécialement réservées aux mamans avec bébés et le complexe dispose d'un bar, d'un café et d'une excellente librairie.

⭐ MEZZ *Concerts*

☎ 670 7655 ; 23-24 Eustace St ; gratuit-20 € ; 🕙 jusqu'à 14h30 lun-sam, jusqu'à 23h dim ; 🚍 ts ceux du centre-ville

Des groupes de rock, d'électro, de funk et de garage viennent ici s'époumoner presque chaque soir pour un jeune public enthousiaste assis sur des fauteuils en cuir.

⭐ OLYMPIA THEATRE
Concerts et spectacles

☎ 677 7744 ; 72 Dame St ; 🕙 billetterie 10h-18h30 lun-sam ; 🚍 ts ceux du centre-ville

Arveene Juthan
L'un des plus célèbres DJ dance d'Irlande, invité régulier de groupes comme The Prodigy et Soulwax

La scène dublinoise Il n'y a pas de raves en tant que telles à Dublin, mais la ville possède une grande culture des soirées organisées par des discothèques et des salles plus petites. **Secret d'une soirée réussie** Tout le monde doit être au même niveau ; même si les gens ne vous connaissent pas, ils vous traitent comme si c'était le cas. **Meilleures soirées** Le dimanche chez Ukiyo (p. 91), où des gens comme Jason O'Callaghan produisent une excellente musique disco. Autre super salle dans le même esprit, le Twisted Pepper (p. 119). **Clubs préférés** La soirée Transmission du samedi soir à la Button Factory (p. 75) ou Antics, le mercredi soir au PoD (p. 94). Elles attirent toutes les deux une nouvelle génération de clubbeurs, aux goûts musicaux assez pointus grâce au développement des voyages et d'Internet.

Cette antique salle au décor victorien délicieusement défraîchi est spécialisée dans les pièces légères, les comédies et les spectacles pour enfants à l'approche de Noël. Ces dernières années, elle a vu sa réputation grandir grâce aux concerts qu'elle accueille, dont certains sont donnés par des célébrités internationales.

⭐ PROJECT ARTS CENTRE
Spectacles
☎ 881 9613 ; www.project.ie ;
39 E Essex St ; 🕐 billetterie 11h-19h
lun-sam ; 🚌 ts ceux du centre-ville
Les 3 scènes du Project Arts Centre's (dont une boîte noire) présentent des pièces expérimentales d'écrivains en devenir, irlandais et internationaux. Certains sont brillants, d'autres exécrables, mais il faut savoir prendre des risques.

⭐ THINK TANK *Club*
☎ 635 9991 ; www.thethinktank.ie ;
24 Eustace St ; 6-15 € ; 🕐 20h-tard ;
🚌 ts ceux du centre-ville

Façade bleu vif du Project Arts Centre

DJ, invités, soirées "Battle of the Bands" et autres festivités sont au programme de cette discothèque, installée en sous-sol. Chaque lundi soir, la plus ancienne soirée discothèque de Dublin, "Strictly Handbag", continue d'attirer les foules avec son mix de tubes des années 1980.

> SODA

Ce nom inventé (par vos humbles serviteurs) désigne un quartier bien réel et clairement défini, qui rassemble les rues situées au sud (*South*) de *Da*me St, entre la limite ouest de Grafton St et l'extrémité est des Liberties. SoDa incarne à la fois le côté bobo de Dublin, avec ses boutiques indépendantes, ses bars ultrabranchés et ses discothèques, et sa tendance alternative. C'est ici que l'on trouve la plus remarquable curiosité de Dublin, la Chester Beatty Library, aux côtés de marchés animés, de boutiques originales, de vieux pubs pleins de charme et des meilleures tables exotiques. De la très tendance S William St jusqu'à la conviviale Camden St, c'est à SoDa que bat le cœur ardent de la ville.

SODA

🔵 VOIR

Chester Beatty Library ... **1** B2
Dublin Castle **2** B2
Shaw Birthplace **3** C8
Whitefriar Street
  Carmelite Church **4** C4

🏠 SHOPPING

A Store is Born **5** D3
Asia Food Market **6** C3
Barry Doyle Design
  Jewellers **7** C2
Caru **8** D2
Coppinger Row Market .. **9** D2
Costume **10** D2
Decor **11** C5
George's Street Arcade . **12** C2
Harlequin ....(voir 10)
Jenny Vander **13** D3
Low Key **14** C2
Neptune Gallery **15** D3
Neu Bleu Eriu **16** D2
Smock **17** D2

Walton's **18** C2
Wild Child **19** C2

🍴 SE RESTAURER

Bar With No Name **20** C3
Blazing Salads **21** D2
Café Bar Deli **22** C2
Cake Cafe **23** C7
Coppinger Row **24** D3
Fallon & Byrne **25** D2
Good World **26** C2
Gourmet Burger
  Kitchen **27** D2
Govinda **28** C3
Green Nineteen **29** C6
Honest to Goodness **30** C2
Juice **31** C2
Lemon **32** D2
Leon **33** D2
L'Gueuleton **34** C3
Odessa **35** C2
Shebeen Chic **36** C2
Silk Road Cafe ....(voir 1)
Simon's Place **37** C2
Ukiyo **38** C2

🍸 PRENDRE UN VERRE

Anseo **39** C6
Bar With No Name ......(voir 20)
Bernard Shaw **40** C8
Bia Bar **41** C2
Dragon **42** C2
George **43** C2
Grogan's Castle
  Lounge **44** D3
Long Hall **45** C3
Market Bar **46** C3
Solas **47** C5
Stag's Head **48** C2

⭐ SORTIR

Andrew's Lane
  Theatre **49** D2
Crawdaddy **50** D7
JJ Smyth's **51** C3
Rí Rá **52** C2
Tripod **53** D7
Village **54** C6
Whelan's **55** C6

Voir carte pages 80-81

VOIR

CHESTER BEATTY LIBRARY

☎ 407 0750 ; www.cbl.ie ; Dublin Castle, Cork Hill ; gratuit ; 🕑 10h-17h lun-ven, 11h-17h sam, 13h-17h dim, fermé lun oct-avr, visites guidées gratuites 13h mer, 15h et 16h dim ; 🚌 50, 51b, 77, 78a, 123 ; ♿

L'époustouflante collection du magnat new-yorkais de l'exploitation minière, sir Alfred Chester Beatty (1875-1968), l'une des plus remarquables du genre. Manuscrits, peintures miniatures, livres, reliures et calligraphies, et surtout l'une des plus incroyables collections de corans d'Occident – et le deuxième plus ancien fragment

Détente dans les jardins de la Chester Beatty Library

JUSTICE AVEUGLE ?

La statue de la Justice, à l'entrée de Cork Hill, qui fait face à l'Upper Yard de Dublin Castle possède une histoire controversée. Son emplacement fut perçu comme un affront par de nombreux Dublinois, qui eurent le sentiment que la Justice tournait symboliquement le dos à la ville. De plus, à la moindre averse, les plateaux de la balance s'emplissaient d'eau et oscillaient au lieu de maintenir un équilibre parfait. Un trou fut finalement percé dans chacun des fonds afin de rétablir (un peu) la balance.

biblique au monde servent de base à l'un des meilleurs musées de Dublin. Voir aussi p. 16.

DUBLIN CASTLE

☎ 677 7129 ; www.dublincastle.ie ; Cork Hill, Dame St ; 4,50/3 € ; 🕑 10h-16h45 lun-ven, 14h-16h45 sam ; 🚌 50, 54, 56a, 77, 77a

Bastion du pouvoir britannique en Irlande pendant sept siècles, le Dublin Castle est une création du XVIIIe siècle, construite sur des fondations normandes et vikings. De la forteresse anglo-normande édifiée au XIIIe siècle, seule subsiste la Record Tower. La visite guidée (gratuite le dimanche et pendant les vacances toutes les 30 min) de cette ancienne résidence officielle des vice-rois d'Irlande, désormais utilisée par le gouvernement irlandais, ravira les amateurs

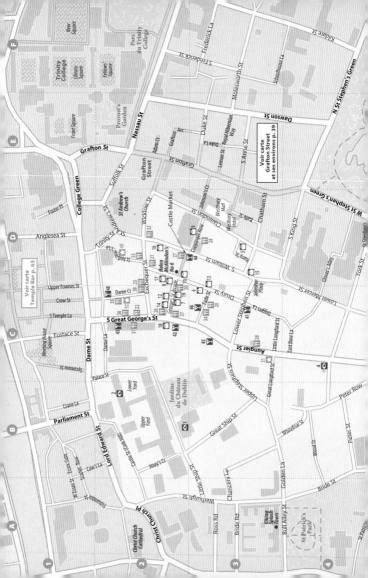

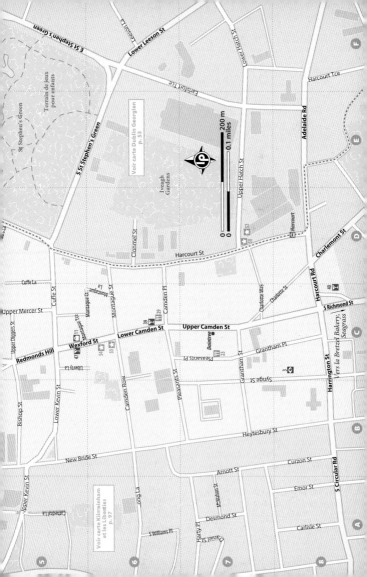

d'architecture et d'histoire. Les State Apartments (appartements d'État) peuvent être fermés à la dernière minute – téléphonez au préalable.

🅒 SHAW BIRTHPLACE
☎ 475 0854 ; 33 Synge St ; 6/5 € ;
🕙 10h-13 et 14h-17h lun-sam, plus 11h-13h et 14h-17h dim mai-sept ;
🚍 16, 19, 122

Au milieu de bâtiments mitoyens, la maison natale du dramaturge George Bernard Shaw abrite un petit musée qui lui est consacré. Les rideaux de velours de l'entrée cachent un intérieur typique de la classe moyenne à l'ère victorienne. Atmosphère reconstituée et indications précieuses assurées par la présentation audio (en plusieurs langues).

🅒 WHITEFRIAR STREET CARMELITE CHURCH
☎ 475 8821 ; 56 Aungier St ; 🕙 8h-18h30 lun et mer-sam, 8h-20h30 mar, 8h-19h30 dim ; 🚍 16, 16a, 16c, 19, 19a, 65, 83

Sur l'ancien site d'un monastère carmélite, cette gigantesque église abrite la statue flamande en chêne d'une Vierge à l'Enfant du XVIe siècle, probablement la seule à avoir survécu à la Réforme. L'autel contient les reliques de saint Valentin, offertes par le pape Grégoire XVI en 1835.

🅒 SHOPPING

🅒 A STORE IS BORN
Mode et accessoires
☎ 679 5866 ; 34 Clarendon St ; 🕙 10h-18h sam ; 🚍 ts ceux du centre-ville,
🚊 St Stephen's Green

Cette boutique n'ouvre son volet roulant que le samedi pour révéler un grand choix de robes à motifs, blouses, gilets en cachemire, ceintures, perles, débardeurs pailletés, chemises d'homme à large col et tailleurs-pantalons.

🅒 ASIA FOOD MARKET
Épicerie fine
☎ 677 9764 ; 18 Drury St ; 🕙 10h-19h lun-sam ; 🚍 16, 16a, 19, 19a, 65, 83,
🚊 St Stephen's Green

MODE IRLANDAISE
Après des années de traversée du désert, les stylistes irlandais se font enfin un nom sur la scène internationale. John Rocha, célèbre depuis une dizaine d'années pour sa marque de vêtements haute couture, s'est diversifié dans les objets de décoration pour la maison (disponibles chez Brown Thomas, p. 42) et le design d'hôtels. Même chose pour Philip Treacy, le modiste des top-modèles, qui a récemment conçu le flamboyant G Hotel, à Galway. Les Irlandais, Joanne Hynes, Pauric Sweeney et N & C Kilkenny connaissent eux aussi un succès mondial.

Ce vaste temple de l'alimentation asiatique est incontournable pour un dîner à thème à l'excellent rapport qualité/prix. Tout y est : ustensiles de cuisine, ingrédients rares tels la gelée à la menthe, les piments havanais, le riz basmati complet ou les pattes de poulet.

BARRY DOYLE DESIGN JEWELLERS *Bijoux*
☎ 671 2838 ; George's St Arcade ; 🕑 9h-18h lun-mer, ven et sam, 9h-20h jeu ; 🚌 15, 16, 19, 83

Barry Doyle a installé son atelier lumineux et habillé de bois à l'étage de George's St Arcade, côté sud. Sur place, il crée à la main de magnifiques bijoux aux motifs celtiques ou contemporains. Il est possible de commander des pièces uniques – coûteuses, mais d'excellente qualité.

CARU *Mode*
☎ 613 9000 ; 30 Drury St ; 🕑 10h30-18h lun-ven, 10h-18h sam ; 🚌 ts ceux du centre-ville

Du négligé-chic européen à la haute couture new-yorkaise en passant par la mode décontractée de L.A., les marques proposées par la boutique Caru – Alice + Olivia, Diabless, Julia Clancey, Suzie Wong, Felix Rey et Hudson Jeans – sont celles que portent des célébrités comme Angelina Jolie, Sienna Miller ou Jennifer Aniston.

COPPINGER ROW MARKET
Épicerie fine
☎ 222 3377 ; Coppinger Row ; 🕑 9h-19h jeu ; 🚌 ts ceux du centre-ville

Ce marché hebdomadaire rassemble des petits producteurs artisanaux de toute l'Irlande, venus vendre leurs délicieux produits. On y trouve un large choix de sandwichs, crêpes et fromages, de fruits, de légumes et de productions bio.

COSTUME *Mode*
☎ 679 4188 ; 10 Castle Market ; 🕑 10h-18h lun-mer, ven et sam, 10h-19h jeu, 12h-17h dim ; 🚌 ts ceux du centre-ville, 🚋 St Stephen's Green

Tenues décontractées ou de soirée (notamment de longues robes scintillantes), cette boutique s'est spécialisée dans la mode féminine contemporaine et élégante de jeunes stylistes européens. Sa marque, Costume, côtoie des vêtements Isabel Marant, Anna Sui, Jonathan Saunders et de la marque irlandaise Leighlee.

DECOR *Décoration*
☎ 475 9010 ; 14a Wexford St ; 🕑 10h-18h lun-sam ; 🚌 16, 16a, 16c, 19, 19a, 65, 83, 🚋 St Stephen's Green

D'imposants meubles en teck et en acajou d'Asie du Sud-Est, des statues du Bouddha en basalte, des miroirs dorés originaux et des tissus exotiques s'entassent dans cette boutique, à des prix séduisants.

⬚ GEORGE'S STREET ARCADE
Livres, mode et cadeaux

⏱ **10h-18h lun-sam ;** 🚌 **ts ceux du centre-ville**

Le meilleur marché non alimentaire de Dublin (l'un des rares) s'abrite sous la galerie d'un bel ensemble gothique victorien, entre S Great George's St et Drury St. Outre les étals de vêtements neufs ou anciens, de chapeaux, de livres d'occasion, d'affiches ou de disques, on y trouve une voyante, un vendeur de *fish and chips* et des douceurs à grignoter.

⬚ HARLEQUIN
Mode et accessoires

☎ **671 0202 ; 13 Castle Market ;** ⏱ **10h30-18h lun-mer, ven et sam, 10h30-19h jeu ;** 🚌 **ts ceux du centre-ville,** 🚋 **St Stephen's Green**

Fouillez dans le fantastique amoncellement de vêtements d'occasion des années 1920, et des suivantes, de cette boutique pleine à craquer. Elle propose aussi gants en satin, hauts-de-forme, sacs en serpent ou ras de cou en perles.

⬚ JENNY VANDER
Mode et accessoires

☎ **677 0406 ; 50 Drury St ;** ⏱ **10h-17h45 lun-sam ;** 🚌 **ts ceux du centre-ville,** 🚋 **St Stephen's Green**

Élégance et sophistication sont de mise dans cette boutique d'occasion, plus *Breakfast at Tiffany's* que *Hair*. Croqueuses de

mode averties et stylistes de films s'arrachent sacs à main perlés, manteaux au col de fourrure, robes aux riches motifs et bijoux fantaisie vendus à des prix de joailliers.

⬚ LOW KEY *Mode*

☎ **677 0299 ; 23 Georges St Arcade ;** ⏱ **9h30-18h lun-mer, ven et sam, 9h30-20h jeu, 14h-18h dim ;** 🚌 **15, 16, 19, 83**

Une adresse où sweat-shirts XXL, robes courtes et jeans taille basse attirent des garçons et des filles sensibles à un look plus branché que glamour. Parmi les marques : Fever, St Martin, Snob et Dollar.

⬚ NEPTUNE GALLERY *Cartes*

☎ **671 5021 ; 1ᵉʳ ét, 41 S William St ;** ⏱ **10h-17h30 lun-ven, 10h-13h sam ;** 🚌 **ts ceux du centre-ville,** 🚋 **St Stephen's Green**

Grimpez les escaliers branlants qui mènent au-dessus du Busyfeet Cafe pour rejoindre une vraie caverne d'Ali Baba de la cartographie. Vieilles cartes poussiéreuses ou gravures de l'Irlande y sont vendues, de quelques euros à plus de 1 000 €.

⬚ NEU BLUE ERIU
Produits de beauté

☎ **672 5776 ; 7 S William St ;** ⏱ **10h-20h lun-jeu, 10h-18h ven et sam ;** 🚌 **ts ceux du centre-ville**

Dans un fantastique espace, Neu Blue Eriu propose des produits cosmétiques pour la peau et les cheveux de Prada, Shu Uemura et Klein, ainsi que des bougies parfumées, des huiles et parfums artisanaux. Soins du visage et massages chers mais très prisés.

🏠 SMOCK
Mode et accesoires

☎ 613 9000 ; 31 Drury St ;

🕐 10h30-18h lun-ven, 10h-18h sam ;

🚌 ts ceux du centre-ville

Cette minuscule boutique de créateurs est à la pointe de la mode. Vous y trouverez des valeurs sûres comme Easton Pearson, Véronique Branquinho et AF Vandevorst.

Vêtements de créateurs chez Smock

🏠 WALTON'S *Musique*

☎ 475 0661 ; 69-70 S Great George's St ;

🕐 9h-18h lun-sam, 12h-17h dim ;

🚌 16, 16a, 19, 19a, 65, 83

Spécialisé dans la musique traditionnelle, Walton's vend CD, instruments, partitions pour harpe, flûte et violon celtiques et recueils de chansons où l'on retrouve des airs célèbres des Wolfe Tones, des Fureys ou des Dubliners. Son école de musique dispense des cours intensifs de 2 heures de *bodhrán* (tambours irlandais) ou de "flûte" en métal.

🏠 WILD CHILD
Mode et décoration

☎ 675 9933 ; 24 George's St Arcade ;

🕐 10h-18h lun-mer, ven et sam, 10h-20h jeu, 12h-18h dim ; 🚌 16, 16a, 16c, 19, 19a, 65, 83, 🚇 St Stephen's Green

La bonne adresse pour les amateurs de décoration rétro et de vêtements anciens de qualité. Chaises Eames ou récipients culinaires colorés en mélamine, le stock est choisi par le propriétaire, Will Walsh, à l'œil infaillible.

🍴 SE RESTAURER
🍴 BAR WITH NO NAME
Britannique traditionnel   €

☎ 675 3708 ; 3 Fade St ; 🕐 16h-21h lun-sam, 13h30-21h dim ; 🚌 16, 80, 83

Le DJ et chef Billy Scurry officie désormais aux fourneaux du bar le

LES QUARTIERS

SODA

ADRESSES VÉGÉTARIENNES

Dublin possède quantité de bons restaurants végétariens et beaucoup de restaurants standards offrent une sélection correcte de plats sans viande ni poisson. Les restaurants ci-dessous proposent aussi des plats végétaliens :

> Blazing Salads (☎ 671 9552 ; 42 Drury St ; ⏰ 10h-18h lun-sam, 10h-20h jeu). Excellent bar à salades et sandwichs, uniquement à emporter.
> Café Fresh (carte p. 39, C3 ; ☎ 671 9669 ; Powerscourt Centre ; ⏰ 9h30-18h lun-sam, 10h-17h dim). Repas chauds, *smoothies*, jus de fruits, soupes et salades.
> Cornucopia (carte p. 39, C2 ; ☎ 677 7583 ; 19 Wicklow St ; ⏰ 9h-19h lun-mer, ven et sam, 9h-21h jeu). Restaurant à l'ancienne, d'allure campagnarde. Copieux petits déjeuners et plats chauds.
> Govinda (☎ 475 0309 ; 4 Aungier St ; ⏰ 12h-21h). Dirigé par des membres de Hare Krishna. Plats chauds et salades à l'occidentale.
> Juice (☎ 475 7856 ; 73-83 S Great George's St ; ⏰ 12h-22h lun-jeu, 12h-23h ven et sam, 10h-22h dim). Adresse branchée, plats orientés vers la zone pacifique et vins bio.

plus branché de Dublin. Il propose une solide cuisine, comme dans les tavernes londoniennes d'autrefois – friture, *Welsh rarebit* (pain toasté au fromage fondu), rillettes de porc et moules-frites.

🍴 BRETZEL BAKERY
Pâtisserie   €

☎ 475 2724 ; 1a Lennox St ; ⏰ 8h30-15h lun, 8h30-18h mar, mer et ven, 8h30-19h jeu, 9h-17h sam, 9h-13h dim ; 🚌 14, 15, 65, 83

Installée depuis 1870 à Portobello, à l'extrémité sud de SoDa, la Bretzel Bakery a obtenu la certification casher en 2003. Son appétissant choix de bagels, pains, en-cas, gâteaux et biscuits attire les habitants du quartier dont la file s'étire sur le trottoir le week-end.

🍴 BOTTEGA TOFFOLI
Italien   €€

☎ 633 4022 ; 34 Castle St ; ⏰ 8h-16h mar et mer, 8h-21h jeu et ven, 11h-20h sam, 13h-20h dim ; 🚌 ts ceux du centre-ville ; Ⓥ ♿

Niché dans une ruelle paisible, ce superbe café italien prépare l'un des meilleurs sandwichs de la ville : de belles tranches de jambon cru, des tomates cerises et de la roquette, arrosées d'un filet d'huile d'olive importée d'Italie, sont disposées sur un pain *piadina* maison.

🍴 CAFÉ BAR DELI
Italien   €€

☎ 677 1646 ; www.cafebardeli.ie ; 12-13 S Great George's St ; ⏰ 12h30-23h lun-sam, 14h-22h dim ; 🚌 15, 16, 19, 83 ; Ⓥ ♿

Deux autres établissements, l'un dans Grafton St (carte p. 39, C3), l'autre à Ranelagh Village (carte p. 127, B4), attestent du succès de ce restaurant aux prix raisonnables. Sa formule ? Des pizzas croustillantes à la garniture originale (agneau pimenté et tzatziki par exemple), des pâtes fraîches maison et de savoureuses salades : celle aux brocolis, à la feta et aux pois chiches est inoubliable.

🍴 CAKE CAFE
Café €

☎ 633 4477 ; www.thecakecafe.ie ; Daintree Building, Pleasants Pl ; 🕑 10h-18h ; 🚌 16, 19, 83 ; ♿
La meilleure adresse pour les pâtisseries, située dans une ruelle presque introuvable tout près de Camden St. Pour l'atteindre, le plus simple est de traverser la papeterie Daintree (61 Camden St) et de sortir à l'arrière : on arrive dans la cour de ce petit café idéal pour déguster une boisson chaude et une part de gâteau maison.

🍴 COPPINGER ROW
Méditerranéen €€

☎ 672 9884 ; www.coppingerrow.com ; Coppinger Row ; 🕑 12h-23h mar-sam, 13h-20h dim ; 🚌 ts ceux du centre-ville
L'ouverture discrète, en 2009, de l'établissement donnait à penser qu'il s'agissait d'un endroit un peu spécial. La carte – avec des plats

comme le poulet en crapaudine accompagné de piment oiseau et riz à la tomate ou l'excellent foie de veau poêlé aux haricots borlottis, bacon et salade de sauge – est à la hauteur des attentes, mais nous avons surtout été séduit par le service chaleureux et sans chichis.

🍴 FALLON & BYRNE
Magasin d'alimentation €€/€€€

☎ 472 1000 ; www.fallonandbyrne.net ; Exchequer St ; 🕑 9h30-19h lun-sam, 12h-18h dim ; 🚌 18, 83 ; Ⓥ ♿
Équivalent dublinois du très apprécié Dean & Deluca, à New York, ce magasin associe une épicerie haut de gamme, un restaurant et une cave à vins. La queue est permanente devant l'appétissant comptoir traiteur, et la brasserie chic et animée à l'étage impressionne par ses longues banquettes rouges, sa carte variée de tourtes au poisson crémeuses, carpaccio de bœuf et turbot rôti. Excellent service.

🍴 GOOD WORLD
Chinois €€

☎ 677 2580 ; 18 S Great George's St ; 🕑 12h30-2h30 ; 🚌 18, 83 ; Ⓥ
Vainqueur de notre concours du meilleur restaurant chinois, le Good World offre deux cartes distinctes. L'excellent menu chinois, rédigé en deux langues, ne vous donnera qu'une envie : revenir !

GOURMET BURGER KITCHEN *Hamburgers* €€

☎ 679 0537 ; www.gbkinfo.com ;
14 S William St ; 🕐 12h-22h dim-mer,
12h-23h jeu-sam ; 🚌 ts ceux du centre-ville ; V

Rien ne vaut les hamburgers que servent les trois établissements de ce nouveau restaurant, tous situés en centre-ville – l'un étant dans S Anne St (carte p. 39, C3) et l'autre se trouvant à Temple Bar (carte p. 65, D2). Le choix est vaste, du plus basique au plus original, comme le Kiwiburger avec betterave, œuf, fromage, ananas, salade et condiments. Les plats végétariens du Gourmet Burger Kitchen sont corrects.

GREEN NINETEEN
Irlandais moderne €

☎ 478 9626 ; www.green19.ie ;
19 Lower Camden St ; 🕐 10h-23h lun-sam, 12h-18h dim ; 🚌 16, 19, 83 ; V

Ce nouveau venu sur la scène branchée et en pleine expansion de Camden St est une adresse élégante, qui s'est spécialisée dans les produits locaux et les plats bio, à des prix très abordables. Nous avons raffolé aussi bien de la selle d'agneau braisée, du bœuf salé, du poulet en cocotte que des énormes hamburgers. Au menu figurent également des salades et des plats végétariens.

HONEST TO GOODNESS
Café €

☎ 677 5373 ; www.honesttogoodness.
ie ; George's St Arcade ; 🕐 9h-18h
lun-sam, 12h-16h dim ; 🚌 15, 16, 19,
83 ; V

Une adresse jalousement gardée par un essaim de fans qui viennent se régaler de sandwichs au pain complet, de soupes savoureuses et du presque légendaire Sloppy Joe. Tout est préparé sur place (même le pain) à partir d'ingrédients locaux.

LEMON *Crêperie* €

☎ 672 9044 ; 66 S William St ;
🕐 8h-19h30 lun-mer et ven, 8h-21h jeu,
9h-19h30 sam, 10h-18h30 dim ;
🚌 ts ceux du centre-ville ; V

Si l'extérieur ne paie pas de mine, les parfums qui s'échappent de l'intérieur vous mèneront tout droit aux gaufres et aux crêpes salées ou sucrées du Lemon. Service très rapide. Glace exquise, sauce au chocolat, à la noix de coco ou au Grand Marnier... le plus difficile reste de choisir. Autre établissement dans Dawson St (carte p. 39, D2).

LEON *Français* €€

☎ 670 7238 ; 33 Exchequer St ;
🕐 8h-23h lun-sam, 9h-22h dim ;
🚌 ts ceux du centre-ville

Le raffinement français s'invite à Dublin pour proposer les grands classiques de la cuisine hexagonale, de la bouillabaisse au filet d'agneau

Miceal Murray
Responsable du L'Gueuleton (p. 90)

Scène culinaire dublinoise actuelle On observe une réinterprétation intéressante de ce que l'on considérait comme de la cuisine de gamme moyenne et informelle, à prix abordable. Beaucoup de restaurants ont repensé leur carte pour offrir des versions gourmandes de plats standards. En termes de choix, nous sommes plutôt gâtés ! **Sur quels critères choisir un restaurant** Sa constance, un service accueillant, et une certaine impression de familiarité, de "chez soi". **Restaurants ad hoc** Gruel (p. 71), pour son cadre kitsch et sa cuisine copieuse, Coppinger Row (p. 87), une adresse animée et chic aux faux airs d'épicerie, et Juniors (p. 132), un peu excentré mais aux plats classiques bien préparés.

LES QUARTIERS

SODA

accompagné de gratin dauphinois. Comble du luxe : la lecture du journal devant la cheminée de la salle côté rue, en sirotant un cappuccino.

🍴 L'GUEULETON
Français €€
☎ 675 3708 ; www.lgueuleton.com ; 1 Fade St ; 🕐 12h30-15h et 18h-22h lun-sam ; 🚌 18, 83
Impossible de réserver dans ce restaurant dont l'enseigne vous invite à venir faire bombance. Étant donnée l'affluence, l'attente n'est pas rare, mais cela ne décourage pas les clients de venir se régaler de la cuisine authentique servie ici. La choucroute à la saucisse de Toulouse est une audace culinaire que le chef n'aurait peut-être pas osé à Paris.

🍴 ODESSA *Méditerranéen* €€€
☎ 670 7634 ; www.odessa.ie ; 13-14 Dame Ct ; 🕐 18h-23h mar-dim, 11h30-16h30 sam et dim ; 🚌 ts ceux du centre-ville ; 🚶
Rejoignez la jeunesse dublinoise branchée installée dans les fauteuils confortables de ce restaurant à l'ambiance *lounge* et aux lampes rétro. Le club privé de l'étage permet d'apercevoir quelques célébrités par la vitre. À la carte : hamburgers maison, steaks ou poisson du jour. Le brunch du week-end est très couru, sâchez-le.

🍴 SEAGRASS *Méditerranéen* €€
☎ 478 9595 ; www.seagrassdublin.com ; 30 S Richmond St ; 🕐 18h-23h ; 🚌 16, 19, 122 ; 🅥
Cette nouvelle adresse au sud du quartier, à l'aspect extérieur très modeste, est une excellente surprise : carte d'inspiration méditerranéenne (penne aux fruits de mer, foie de veau poêlé ou risotto au chou et au bacon), créée autour de produits locaux. Salle calme et élégante et service parfait.

🍴 SHEBEEN CHIC
Irlandais moderne €€
☎ 679 9667 ; 5 S Great George's St ; 🕐 12h-22h dim-mer, 12h-23h jeu-sam ; 🚌 16, 19, 83
La carte semble avoir été rédigée par Tom Waits : les "boulettes de pommes de terre, brocolis, champignons et vieux cheddar", ou les "poireaux, pommes de terre et peut-être un peu de terre" incarnent l'esprit de cette cuisine irlandaise revisitée. Bar au rez-de-chaussée.

🍴 SILK ROAD CAFE
Moyen-oriental €€
☎ 407 0770 ; www.silkroadcafe.ie ; Chester Beatty Library, Dublin Castle ; 🕐 11h-16h lun-ven ; 🚌 50, 51b, 77, 78a, 123 ; 🅥
Rares sont les cafés de musée qui font saliver, et ce petit bijou est l'exception. Mélange d'influences moyen-orientale, nord-africaine

SODA

et méditerranéenne, sa carte est aux deux tiers composée de plats végétariens. Les spécialités maison, moussaka grecque et lasagnes aux épinards, suivent les entrées comme les pois chiches frits et l'houmous. En dessert, vous pourrez notamment choisir entre baklavas libanais et *kataïfi* (pâtisserie faite à base de cheveux d'ange) à la noix de coco. Tous les plats sont halal et casher.

🍴 SIMON'S PLACE *Café*   €
☎ 679 7821 ; George's St Arcade ; 🕐 8h30-18h lun-sam ; 🚌 ts ceux du centre-ville ; Ⓥ
La carte n'a jamais changé depuis l'ouverture de la première enseigne, il y a près de 20 ans. Cette enseigne est devenue presque légendaire grâce à ses sandwichs à emporter et à ses copieuses soupes végétariennes.

🍴 UKIYO *Japonais et coréen*   €€
☎ 633 4071 ; www.ukiyobar.com ; 7-9 Exchequer St ; box karaoké 25 €/h ; 🕐 12h-16h, 17h-24h lun-jeu, 17h-3h ven-dim ; 🚌 ts ceux du centre-ville ; Ⓥ
Des plats savoureux comme le *kim chi ji gae* (ragoût au chou) ou le *saba tatsuta age* (maquereau frit) sont une raison suffisante pour découvrir ce restaurant tendance. Les Dublinois l'apprécient aussi pour l'excellente ambiance musicale de ses box de karaoké au rez-de-chaussée et de

ses soirées "club" du week-end, proposées par les DJ.

🍸 PRENDRE UN VERRE

🍸 ANSEO *Bar*
18 Lower Camden St ; 🚌 16, 83, 123
Ce bar alternatif à la façade quelconque et à l'intérieur sans prétention – avec moquette standard et décoration chromée – révèle sa magie lors des soirées rock du vendredi, où la programmation va de Hot Chip au Velvet Underground.

🍸 BAR WITH NO NAME *Bar*
☎ 675 3708 ; 3 Fade St ; 🚌 ts ceux du centre-ville
Une entrée discrète à côté du L'Gueuleton (p. 90) mène à l'un des plus jolis bars de la ville : trois immenses pièces dans une maison victorienne restaurée et un grand patio chauffé pour les fumeurs. Ni enseigne ni nom : on l'appelle le "bar sans nom" ou, pour les initiés, le Number 3 (numéro 3).

🍸 BERNARD SHAW *Pub*
☎ 085 712 8342 ; 11-12 S Richmond St ; 🚌 16, 19, 122
Ne vous fiez pas au décor désuet de ce pub : c'est le plus cool qui soit depuis qu'il a été investi par l'équipe des productions Bodytonic, dont les DJ assurent chaque soir une

animation très variée, du reggae dub à la musique électro d'ambiance.

⚑ BIA BAR *Bar*

☎ 405 3563 ; 30 Lower Stephen St ; 🚌 83, 123, 🚊 St Stephen's Green

On a ici compris comment s'assurer une clientèle fidèle : un cadre agréable (sol en galets, palmiers), un service efficace et sympathique, une population jeune et jolie, mais surtout l'un des plus grands choix de bières du centre-ville.

⚑ DRAGON *Bar*

☎ 478 1590 ; 64-65 S Great George's St ; 🕙 17h-23h30 lun-mer, 17h-2h30 jeu-sam, 17h-23h dim ; 🚌 ts ceux du centre-ville

Dernier né de la scène gay, ce bar disco à la déco asiatique colorée attire dans ses alcôves confortables et sur sa petite piste de danse une foule de jeunes fêtards en route pour le George (ci-dessous).

⚑ GEORGE *Bar*

☎ 478 2983 ; 89 S Great George's St ; la plupart des soirées après 22h 5-8 € ; 🕙 12h30-23h30 lun et mar, 12h30-3h mer-sam, 12h30-1h dim ; 🚌 ts ceux du centre-ville

Impossible de rater la façade pourpre du bar gay le plus célèbre de Dublin, où l'ambiance atteint son paroxysme à mesure que la soirée avance. Il fait le plein le dimanche à 18h30 pour sa soirée bingo, très

Soirée bingo du dimanche soir au George

prisée, et accueille le jeudi soir le spectacle Missing Link (le chaînon manquant) animé par Annie Balls.

☿ GLOBE *Bar*
☎ 671 1220 ; 11 S Great George's St ;
🚌 ts ceux du centre-ville

Avec son plancher et ses murs en briques apparentes, le Globe est idéal en journée comme en soirée. Ambiance musicale éclectique, jazz le dimanche après-midi et personnel sympathique attirent une foule de jeunes branchés et de visiteurs avertis. Il a récemment changé de mains mais la formule (qui marche) ne devrait pas avoir changé.

☿ GROGAN'S CASTLE LOUNGE *Bar*
☎ 677 9320 ; 15 S William St ; 🚌 ts ceux du centre-ville, 🚋 St Stephen's Green

Simplement appelé le Grogan's (du nom du propriétaire d'origine), l'endroit est fréquenté depuis longtemps par des écrivains, peintres et autres personnages bohèmes, dont les œuvres ornent souvent les murs. En journée, ambiance tranquille et détendue, boissons un peu moins chères au bar que dans le salon moquetté.

☿ LONG HALL *Pub*
☎ 475 1590 ; 51 S Great George's St ;
🚌 16, 16a, 19, 19a, 65, 83

Décor victorien en bois, murs sombres, colonnes ornées de miroirs

derrière le bar et lustres font du lieu l'un des pubs les plus beaux et les plus prisés de la capitale. Au Long Hall, les barmans excellent dans leur art.

☿ MARKET BAR *Bar*
☎ 613 9094 ; 14a Fade St ; 🚌 ts ceux du centre-ville

Hauts plafonds, bancs, plantes en pots et bruit des conversations confèrent à l'immense espace de cette ancienne fabrique de saucisses des airs de gare centrale une veille de Noël. Le magnifique bar a été réalisé à partir d'anciennes portes de banque en laiton. À la fois branché et chaleureux avec sa cuisine ouverte, il propose d'excellentes tapas et le service est assuré à la table.

☿ SOLAS *Bar*
☎ 478 0583 ; 31 Wexford St ; 🕑 9h30-24h30 dim-mer, 9h30-1h30 jeu-sam ;
🚌 83, 121

Wexford St et Camden St sont devenues le cœur de la scène indépendante dublinoise, dans lequel ce bar sombre et confortable joue un rôle non négligeable. Horaires tardifs, DJ noctambules, bar à bières animé sur le toit ainsi qu'une proximité avec Whelans et Village (carte p. 95) ajoutent à l'ambiance. Un détail : les chasses d'eau utilisent de l'eau de pluie.

▼ STAG'S HEAD
Pub de musique traditionnelle
☎ 679 3701 ; 1 Dame Ct ; 🚌 ts ceux du centre-ville
Construit en 1770 et remodelé en 1895, en plein âge d'or victorien, ce pub possède de magnifiques vitraux, lustres, sol en marbre, boiseries et, bien sûr, trophées de cerfs. Même bondé, il mérite une visite. Bonne cuisine.

SORTIR

⭐ ANDREW'S LANE THEATRE
Club
☎ 478 0766 ; www.andrewslane.com ; St Andrew's La ; 5-10 € ; 🕐 22h30-3h jeu-dim ; 🚌 ts ceux du centre-ville
Appréciable look dépouillé de l'ALT, qui comprend une immense piste de danse, une excellente sono et une programmation régulière de DJ invités et de concerts live.

⭐ CRAWDADDY *Concerts*
☎ 478 0166 ; www.pod.ie ; Harcourt St ; 🕐 19h30-3h mer-sam ; 🚌 14, 15, 48a ; 🚇 Harcourt
Baptisé du nom du club londonien où débutèrent les Stones en 1963, le Crawdaddy comprend un bar et une petite salle où se produisent surtout des groupes de musiques du monde : percussions africaines, jazz avant-gardiste ou guitaristes de flamenco.

⭐ JJ SMYTH'S *Concerts*
☎ 475 2565 ; www.jjsmyths.com ; 12 Aungier St ; 8-10 € ; 🕐 début des spectacles vers 20h30-21h30 ; 🚌 16, 16a, 19, 19a, 65, 83
Jazz et blues attirent les foules dans ce petit pub légendaire. L'Irish Blues Club s'y produit le mardi, les autres soirs (sauf le mercredi) étant l'occasion d'accueillir des groupes locaux invités régulièrement et des artistes internationaux.

⭐ RÍ RÁ *Club*
☎ 677 4835 ; www.rira.ie ; Dame Ct ; gratuit, soirées spéciales 5-11 € ; 🕐 23h30-3h lun-sam ; 🚌 ts ceux du centre-ville
Même si cette discothèque établie de longue date a changé de mains en 2007, ses propriétaires semblent pour le moment poursuivre dans la voix d'une programmation musicale loin des pulsations frénétiques. Ici, on passe de la soul, du hip-hop et du rock.

⭐ TRIPOD
Club et concerts
☎ 478 0166 ; www.pod.ie ; 35 Harcourt St ; 5-20 € ; 🕐 23h-3h jeu-sam ; 🚌 14, 15, 65, 83, 🚇 Harcourt
Ouvert fin 2006 dans l'ancienne gare d'Harcourt St, le Tripod comprend trois scènes distinctes (d'où son nom) : une salle ultramoderne de 1 300 places réservée aux concerts rock et pop, une discothèque plus

DJ à l'œuvre au Tripod

petite et l'intime salle de concerts Crawdaddy (p. 94).

⭐ VILLAGE *Concerts*
☎ 475 8555 ; www.thevillagevenue. com ; 26 Wexford St ; 🕙 12h-2h30 lun-sam, 12h-1h dim ; 🚌 16, 16a, 19, 19a, 65, 83

Le lieu est étonnamment confortable, malgré sa vaste taille. Tout en boiseries et éclairage chaleureux, le bar gratuit du rez-de-chaussée fait le plein grâce à sa licence tardive. La scène, située à l'étage, accueille presque tous les soirs des concerts de taille

moyenne de groupes locaux de rock et de pop.

⭐ WHELAN'S *Concerts*
☎ 478 0766 ; www.whelanslive.com ; 25 Wexford St ; 10-25 € ; 🕙 ouverture des portes 20h ; 🚌 14, 15, 65, 83

Un bon concert dans cette salle est un moment magique. Le public entoure la scène centrale surélevée ou se penche depuis le balcon circulaire en entonnant ses chansons et ballades préférées. Chanteurs-compositeurs irlandais et internationaux. Entrée par Camden Row.

> KILMAINHAM ET LES LIBERTIES

Les deux plus anciens quartiers de Dublin offrent peu de lieux de sortie mais regorgent de monuments à visiter, notamment les deux cathédrales de la ville. La première, Christ Church, fut solidement ancrée à l'intérieur de l'enceinte de la ville à l'époque médiévale, tandis que St Patrick's, la seconde, se dressait à l'extérieur dans les Liberties, aujourd'hui plus vieux quartier traditionnel de Dublin. En s'y promenant, on hume dans l'air une curieuse odeur : celle du houblon grillé utilisé pour produire la Guinness, l'or noir de Dublin. Symbole de l'Irlande pour de nombreux visiteurs, elle a fait du Guinness Storehouse la curiosité la plus visitée de la ville. Passé la célèbre distillerie, on atteint Kilmainham, qui abrite l'imposante prison jadis au cœur de la lutte pour l'indépendance du pays (autre monument phare de la ville), ainsi qu'un ancien hôpital pour soldats accueillant désormais le plus grand musée d'art moderne d'Irlande.

KILMAINHAM ET LES LIBERTIES

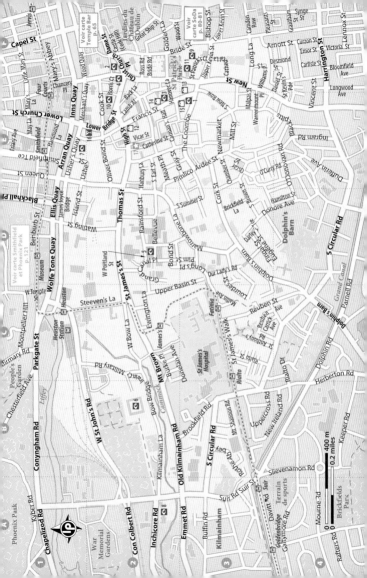

⊙ VOIR

⊙ BAD ART GALLERY

☎ 087 991 0650 ; www.thebadart gallerydublin.com ; 79 Francis St ; gratuit ; 🕙 10h30-18h lun-sam, 14h-17h dim ; 🚌 51b, 78a, 121, 123

Cette galerie très "deuxième degré" s'est spécialisée dans les œuvres grand format audacieuses d'étudiants en art et d'artistes irlandais contemporains, aux prix abordables. Deborah Donnelly peint ainsi d'insolents portraits colorés de vaches, de gâteaux et de tentes de cirque. Profitez d'une soirée de vernissage pour découvrir le décor.

⊙ CHRIST CHURCH CATHEDRAL

☎ 677 8099 ; www.cccdub.ie ; Christ Church Pl ; 6/3 € ; 🕙 9h45-16h15 lun-sam, 12h30-14h30 dim sept-mai, 9h45-18h15 lun, mar et ven, 9h45-16h15 mer, jeu et sam, 12h30-14h30 et 16h30-18h15 dim juin-mi-juil, 9h45-18h15 lun-ven, 9h45-16h15 sam, 12h30-14h30 et 16h30-18h15 dim mi-juil-août ; 🚌 50, 66, 77, 121, 123

La plus imposante cathédrale de la ville se dresse sur l'antique site de peuplement viking, au cœur du Dublin médiéval. Monument le plus célèbre, l'édifice en pierre fut commandé en 1172 par l'archevêque Laurence O'Toole et par le noble anglo-normand Richard de Clare,

SONNEZ LES CLOCHES !

Le son mélodieux des cloches de Christ Church résonne dans l'air de Dublin depuis 1670. Au nombre de dix-neuf, pesant chacune jusqu'à 2,25 tonnes, elles sont sonnées à la main selon une séquence mathématique dont l'apprentissage nécessite plusieurs années d'entraînement. C'est le plus important nombre de cloches actionnées de cette façon au monde.

dit "Strongbow", conquérant de Dublin, (sa tombe est derrière l'entrée principale). Juste avant les vêpres, vous pourrez y entendre les somptueux chœurs.

⊙ CROSS GALLERY

☎ 473 8978 ; www.crossgallery.ie ; 59 Francis St ; gratuit ; 🕙 10h-17h30 mar-ven, 11h-15h sam ; 🚌 51b, 78a, 121, 123

Dans une maison de ville au cœur des boutiques d'antiquités des Liberties, l'espace ouvert de cette galerie présente les travaux abstraits d'artistes contemporains comme Clea Van der Grijn, Simon English et Laurent Mellet.

⊙ DUBLINIA & THE VIKING WORLD

☎ 679 4611 ; www.dublinia.ie ; 6/3,75/17 € ; 🕙 10h-17h avr-sept, 11h-16h lun-sam et 10h-16h30 dim oct-mars ; 🚌 51b, 78a, 123 ; 🚻

Incontournable pour les enfants, l'ancienne salle du synode attachée à la Christ Church Cathedral abrite une exposition sur le Dublin médiéval : maquettes, musique, reconstitution d'une rue de l'époque et éléments interactifs. Le nouveau Viking World relate l'histoire des envahisseurs scandinaves des IXe et Xe siècles et de la ville qu'ils bâtirent. Montez ensuite sur la tour voisine, St Michael's Tower, pour admirer les Dublin Hills par-delà la ville.

☉ GUINNESS STOREHOUSE

☎ 408 4800 ; www.guinness-storehouse.com ; St James's Gate ; 15/11 €, gratuit moins de 6 ans ; 🕓 9h30-17h sept-juin, 9h30-19h juil-août ; 🚌 51b, 78a, 123, 🚉 St James's

Sorte de Disneyland des amateurs de bière où une débauche d'animations et d'expositions, assorties d'une bonne rasade de marketing sont proposées. Après une visite au musée installé dans un ancien entrepôt à grain face à la distillerie d'origine (St James's Gate Brewery), le clou de la visite reste la dégustation d'un verre de Guinness dans le Gravity Bar, au sommet de l'édifice. Tarif réduit pour les réservations en ligne. Voir aussi p. 12.

☉ IRISH MUSEUM OF MODERN ART (IMMA)

☎ 612 9900 ; www.imma.ie ; Military Rd ; gratuit ; 🕓 10h-17h30 mar-sam, 12h-17h30 dim ; 🚌 26, 51, 78a, 79, 90, 123

L'élégant bâtiment de l'ancien Royal Hospital Kilmainham abrite désormais l'Irish Museum of Modern Art

La plus grande galerie d'art contemporain d'Irlande est installée dans le Royal Hospital, à Kilmainham, un bâtiment du XVIIe siècle dont l'architecture s'inspire de celle des Invalides, à Paris. Il servait d'ailleurs aussi d'hospice aux soldats à la retraite. Même si l'art contemporain n'est pas votre tasse de thé, l'extraordinaire édifice mérite à lui seul une visite. Voir aussi p. 17.

JAMES JOYCE HOUSE OF THE DEAD

☎ 672 8008 ; 15 Usher's Quay ; 10/8 €, gratuit moins de 6 ans ; ◷ 10h-17h ; 🚌 25x, 26, 46a, 78, 79, 90, 92
On doit la restauration du cadre de la nouvelle de James Joyce *Les Morts* à l'avocat Brendan Kilty. Si le musée

L'ÉRUDITION POUR TOUS

Le Britannique Narcissus Marsh (1638-1713), diplômé d'Oxford, archevêque d'Armagh et de Dublin et six fois Lord Justice d'Irlande, devait être un homme exceptionnel. En tant que doyen de Trinity College, il était un ardent défenseur de la langue irlandaise. Convaincu que le savoir est roi, il fut abasourdi de découvrir qu'il n'existait en Irlande aucun lieu de lecture ouvert au public. Sa bibliothèque devint alors le dépositaire de sa magnifique collection d'ouvrages, destinés à éclairer les esprits de sa patrie d'adoption.

contient peu d'objets (outre des expositions temporaires), les pièces décrépites quasi inchangées depuis l'époque où le célèbre écrivain y passait Noël avec sa tante dégagent une émotion particulière.

KILMAINHAM GAOL

☎ 453 5984 ; www.heritageireland.com ; Inchicore Rd ; 6/2 € ; ◷ 9h30-17h avr-oct, 9h30-16h lun-sam, 10h-16h dim nov-mars ; 🚌 26, 51, 78a, 79, 90, 123
Plusieurs siècles d'oppression et de souffrance semblent transpirer des murs en grès vétustes de ce gigantesque bâtiment, l'un des plus poignants de Dublin. La prison de Kilmainham, scène d'innombrables épisodes ayant jalonné le difficile chemin de l'Irlande vers l'indépendance, accueillit de nombreux héros politiques et martyrs. Voir aussi p. 18.

MARSH'S LIBRARY

☎ 454 3511 ; www.marshlibrary.ie ; St Patrick's Close ; 2,50/1,50 € ; ◷ 10h-13h et 14h-17h lun et mer-ven, 10h30-13h sam ; 🚌 50, 50a, 54, 54a, 56a
Ce magnifique exemple de bibliothèque érudite du XVIIe siècle, est l'un des rares bâtiments de l'époque à avoir conservé sa fonction d'origine. Les étagères en chêne sombre, surmontées de corniches sculptées et dorées, hébergent près de 25 000 ouvrages du XVe au début du XVIIIe siècle.

Sineád Gleeson
*Journaliste musicale, blogeuse et chroniqueuse artistique
pour l'*Irish Times, *entre autres*

Quartier préféré J'adore fouiller les renfoncements sombres d'une ville,
et il n'existe rien de plus fascinant que les petits coins et recoins du triangle
reliant St Patrick's Cathedral (p. 102), Dublin Castle (p. 79) et Christ Church
Cathedral (p. 98). J'ai vécu pendant des années face à St Patrick's et j'ai passé
tellement de temps à explorer ce quartier qu'il fait maintenant partie de moi !
Adresse préférée Si je ne devais en choisir qu'une, ce serait les marches
d'Hoey's Court (carte p. 80-81, B2). Ce n'est pas seulement le lieu de naissance de
Jonathan Swift, c'est aussi l'un des lieux les plus "cinégéniques" de la ville – il ne
déparerait pas dans un classique d'Hitchcock. Quand j'étais petite, l'allée était
fermée au public par un portail en fer forgé, ce qui lui donnait un côté mystérieux
encore plus attirant.

ST AUDOEN'S PROTESTANT CHURCH

☎ 677 0088 ; Cornmarket, High St ;
🕑 9h30-16h45 juin-sept ; 🚌 51b, 78a, 123, 206

Unique église paroissiale médiévale encore existante, St Audoen's fut édifiée entre 1181 et 1212, probablement sur un site religieux bien antérieur. Agrandie à son apogée, au XVe siècle, elle fut de nouveau réduite pour atteindre sa taille actuelle aux XVIIIe et XIXe siècles. L'aile Est et la St Anne's Chapel furent alors abandonnées. La chapelle abrite un très bon centre d'information des visiteurs et organise parfois des visites guidées.

ST PATRICK'S CATHEDRAL

☎ 475 4817 ; www.stpatrickscathedral. ie ; St Patrick's Close ; 5,50/4,50 € ;
🕑 9h-18h lun-sam, 9h-11h, 12h45-15h et 16h15-18h dim mars-oct, 9h-18h lun-ven, 9h-17h sam, 10h-11h et 12h45-15h dim nov-fév ; 🚌 49, 50, 54a, 56a, 77

Cette cathédrale, située à un jet de pierre de son homologue Christ Church et en plein centre du vieux Dublin, s'élèverait à l'endroit où saint Patrick aurait baptisé des païens convertis dans un puits. L'édifice date en réalité de 1191. Fait plus avéré, Oliver Cromwell transforma sa nef en écurie pour les chevaux de son armée, lors de sa venue en 1649.

Intérieur de la St Patrick's Cathedral, lieu de recueillement de plus de 800 ans

SHOPPING

☐ DESIGN ASSOCIATES
Antiquités et décoration
☎ 453 7767 ; 144-145 Francis St ;
🕒 9h30-18h lun-sam ; 🚌 123, 206, 51b
Boutique de design d'intérieur proposant de luxueuses antiquités, des statues de marbre, de superbes lampes contemporaines et des objets en verre.

☐ FLEURY ANTIQUES
Antiquités
☎ 473 0878 ; 57 Francis St ; 🕒 9h30-18h lun-sam ; 🚌 123, 206, 51b
Fleury se spécialise dans les peintures à l'huile, les vases, les chandeliers, les objets en porcelaine, l'argenterie et les objets décoratifs du XVIIIe siècle aux années 1930.

☐ O'SULLIVAN ANTIQUES
Antiquités
☎ 454 1143 ; 43-44 Francis St ;
🕒 10h-17h lun-sam ; 🚌 123, 206, 51b
On trouve essentiellement de belles pièces de mobilier georgien, victorien et édouardien, ainsi que quelques remarquables objets en céramique ou en cristal, médailles et costumes d'époque.

☐ OXFAM HOME
Magasin caritatif
☎ 402 0555 ; 86 Francis St ;
🕒 10h-17h30 lun-ven, 10h-13h sam ;
🚌 123, 206, 51b
Fouillez parmi les vieux objets vendus dans la boutique de mobilier de l'organisation caritative Oxfam : vous pourriez tomber sur une table de Subbuteo (jeux de plateau) des années 1960 ou sur un vaisselier Art déco. Improbable collection de vinyles des années 1980.

PRENDRE UN VERRE

🍸 BRAZEN HEAD
Pub de musique traditionnelle
☎ 679 5186 ; 20 Lower Bridge St ;
🚌 134
Réputé pour être le plus vieux de Dublin, le pub a été fondé en 1198, mais son bâtiment actuel date de 1668. Il attire autant les étudiants et touristes étrangers que les Dublinois et propose chaque soir, à partir de 21h, des concerts de musique traditionnelle irlandaise.

⭐ SORTIR

⭐ VICAR STREET
Comédie et concerts
☎ 454 5533 ; www.vicarstreet.com ;
58-59 Thomas St ; 🚌 51b, 78a, 123, 206
D'une capacité de 1 000 places (entre tables de restauration et balcon type théâtre), une excellente sonorisation est offerte aux petits concerts de rock, de folk ou à des comédies. Neil Young, Bob Dylan et Justin Timberlake s'y sont produits.

> O'CONNELL STREET ET SES ENVIRONS

D'une ampleur impériale, O'Connell St est le cœur de Dublin et l'avenue la plus importante de son histoire. Elle devint l'artère principale de la ville en 1794, après la construction d'O'Connell Bridge et le déplacement de l'axe urbain vers l'est. La partie nord fut le quartier résidentiel de prestige du début de la période géorgienne, mais la plèbe vint à s'en rapprocher dangereusement, poussant l'aristocratie à se replier vers la Liffey pour s'installer dans les nouveaux quartiers, autour de la Leinster House.

Bien que la rue ait perdu une large part de sa domination commerciale et symbolique au profit de Grafton St et de la rive sud, O'Connell St a en partie retrouvé sa gloire d'antan grâce à un vaste programme de rénovation urbaine, mais aussi grâce au cosmopolitisme croissant de Dublin et aux nouveaux arrivants qui font revivre les rues alentour.

O'CONNELL STREET ET SES ENVIRONS

◉ VOIR

Custom House	**1** F3
Dublin City Gallery – Hugh Lane	**2** C1
Dublin Writers Museum .	**3** C1
Garden of Remembrance	**4** C1
General Post Office (Poste d'Irlande)	**5** D3
James Joyce Cultural Centre	**6** D1
Jeanie Johnston	**7** F3
St Mary's Pro-Cathedral	**8** D2

🛍 SHOPPING

Arnott's	**9** C3
Debenham's	**10** C3
Dublin City Gallery – Hugh Lane Shop	(voir 2)
Dublin Woollen Mills	**11** C4
Early Learning Centre ...	**12** C3
Irish Historical Picture Company	**13** D4
Jervis Centre	**14** C3
Louis Copeland	**15** B3
Moore Street Market	**16** C2
Penney's	**17** D3
Smyths Toys	**18** C3
Winding Stair	(voir 26)

🍴 SE RESTAURER

101 Talbot	**19** E2
Bar Italia	**20** C4
Bon Ga	**21** B3
Chapter One	(voir 3)
Cobalt Café & Gallery ...	**22** D1
La Taverna di Bacco ...	**23** C4
Melody	**24** B3

Soup Dragon	**25** B4
Winding Stair	**26** C4

🍷 PRENDRE UN VERRE

Church	**27** C3
Flowing Tide	**28** D3
Sackville Lounge	**29** D3
Sin É	**30** B4

⭐ SORTIR

Abbey Theatre	31 E3
Ambassador Theatre ...	32 D2
Cineworld	33 B3
Gate Theatre	34 D2
Laughter Lounge	35 D3
Panti Bar	36 B4
Twisted Pepper	37 D3

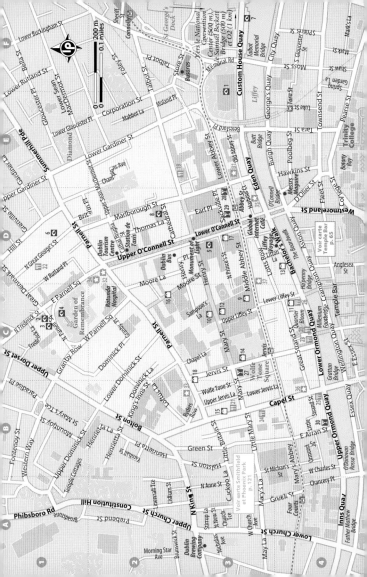

◉ VOIR

◉ CUSTOM HOUSE

☎ 888 2538 ; Custom House Quay ;
entrée 1 € ; ⏱ 10h-12h30 lun-ven,
14h-17h sam-dim mi-mars à oct,
fermé lun, mar et sam nov à mi-mars ;
🚇 Connolly, 🚉 Tara St

Emblématique de Dublin, cet
édifice du XVIIIᵉ siècle fut bâti pour
l'usage des services fiscaux de la
ville. Première grande réussite de
l'architecte James Gandon, il est
couronné d'un dôme de cuivre
surmontant quatre horloges et
des colonnes néoclassiques. Il
abrite aujourd'hui le ministère
de l'Environnement et un centre
d'information retrace son histoire.

LES INCONTOURNABLES DE HUGH LANE

> *Waterloo Bridge*, Monet
> *Les Parapluies*, Renoir
> *Blue and White*, William Scott
> *Sandra*, Sean Scully

◉ DUBLIN CITY GALLERY – HUGH LANE

☎ 874 1903 ; www.hughlane.ie ; 22 N
Parnell Sq ; entrée libre ; ⏱ 10h-18h
mar-jeu, 10h-17h ven-sam, 11h-17h dim,
visites guidées 11h mar et 13h30 dim ;
🚌 3, 10, 16, 19, 123, 🚇 Connolly ; ♿

La réputation de Dublin auprès
des amateurs d'art doit beaucoup
aux collections fascinantes de cette

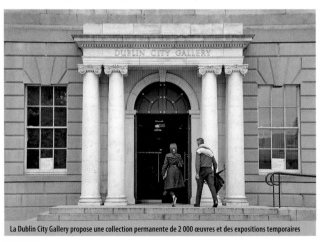

La Dublin City Gallery propose une collection permanente de 2 000 œuvres et des expositions temporaires

LA DÉFAITE DES MONUMENTS

L'histoire de Dublin est jalonnée de monuments abîmés, vandalisés et saccagés. La statue de Guillaume d'Orange sur College Green fut mutilée tant et si bien que l'on finit par la mettre à la casse en 1929, de même, peu après, qu'une statue de George II. En 1957, c'est celle de Lord Gough qui tomba de son cheval dans Phoenix Park, et en 1966, celle de l'amiral Nelson vit sa tête voler en éclats sur O'Connell St. À l'extrémité nord de Grafton St, la statue de Molly Malone (carte p. 39, C2), au décolleté plongeant, représente la légendaire marchande ambulante de *"cockles and mussels"* (coques et moules), héroïne de l'hymne officieux de Dublin.

Le dernier grand projet de la ville, le Monument of Light (carte p. 105, D3), une aiguille haute de 120 m, a succédé à la Nelson's Column dans O'Connell St. Une vive controverse sur sa "raison d'être" repoussa de trois ans son inauguration, initialement prévue pour le passage à l'an 2000. Aujourd'hui, sa beauté fait la quasi-unanimité des Dublinois.

mangifique galerie qui constituent un pont entre les tableaux de maîtres de la National Gallery et les œuvres d'avant-garde de l'Irish Museum of Modern Art. Ne manquez pas l'atelier Francis Bacon, soigneusement transféré (avec son incroyable désordre) de la demeure londonienne de l'artiste.

◉ DUBLIN WRITERS MUSEUM

☎ 872 2077 ; www.writersmuseum. com ; 18 N Parnell Sq ; entrée 7,50/ 6,30 € ; ⊘ 10h-17h lun-sam sept-mai, jusqu'à 18h juin-août, 11h-17h dim toute l'année ; 🚌 11, 13, 16, 19, 36, 40, 🚆 Connolly

Avec la longue tradition littéraire de Dublin, on aurait pu s'attendre à ce qu'un musée consacré aux grands écrivains irlandais soit une pure merveille. Malheureusement, ce musée de babioles vaguement liées aux lettres tient du pétard mouillé – à moins que le téléphone

que possédait Samuel Beckett dans son appartement parisien et la carte de syndicaliste ayant appartenu à Brendan Behan ne vous fassent palpiter.

◉ GARDEN OF REMEMBRANCE

☎ 874 3074 ; www.heritageireland.ie ; Parnell Sq ; entrée libre ; ⊘ 9h30-crépuscule mai-sept, dès 11h oct-avr ; 🚌 36, 40, 🚆 Connolly

Fondé pour le 50e anniversaire des Pâques sanglantes de 1916, ce paisible jardin du souvenir honore la mémoire de tous ceux qui se sont sacrifiés dans la longue lutte pour l'indépendance irlandaise. En son centre se dresse une sculpture (1971) d'Oisin Kelly représentant les enfants de Lir, qui, selon la légende irlandaise, ont été transformés en cygnes par leur méchante belle-mère.

LES QUARTIERS

O'CONNELL STREET ET SES ENVIRONS

Le calme de la poste d'Irlande (GPO) ne laisse rien paraître de son histoire tourmentée

GENERAL POST OFFICE (POSTE D'IRLANDE)

☎ 705 7000 ; www.anpost.ie ; Lower O'Connell St ; entrée libre ; 🕓 8h-20h lun-sam ; 🚌 O'Connell St, 🚆 Abbey St

Le siège de la General Post Office (GPO) est à jamais lié aux événements tragiques de l'indépendance irlandaise. C'est sur ses marches qu'en 1916, les meneurs de l'insurrection de Pâques lurent la proclamation de la république, et la façade porte encore les stigmates des combats de la guerre civile en 1922. La GPO reste le ~~int~~ de rassemblement des groupes ~~station~~ et des individus ~~outes~~ sortes de croisades.

JAMES JOYCE CULTURAL CENTRE

☎ 878 8547 ; www.jamesjoyce.ie ; 35 N Great George's St ; entrée 5/4 € ; 🕓 10h-17h mar-sam ; 🚌 3, 10, 11, 13, 16, 19, 22, 123, 🚆 Connolly

Si votre exemplaire d'*Ulysse* est couvert de poussière, voilà l'occasion d'approcher le texte grâce à des installations interactives ludiques qui démystifient cette œuvre difficile. Ce centre culturel rénové, aménagé dans une fabuleuse demeure georgienne (où avaient lieu les cours de danse de Denis Maginni, repris dans *Ulysse*), explore la vie de l'écrivain à travers lettres et objets. L'institution, à ne pas confondre avec le James Joyce Museum (p. 129), propose aussi des circuits autour de Joyce.

🎦 JEANIE JOHNSTON
☎ 066-712 9999 ; www.jeaniejohnston.ie ; Custom House Quay ; entrée 5/3 € ; 🕐 10h30-17h sam-dim oct-avr ; 🚆 Connolly, 🚋 Tara St

Voici sans doute la curiosité la plus originale de la ville : la réplique exacte et en état de marche d'un "navire-cercueil" du XIXe siècle (bâtiment sur lequel émigraient les Irlandais affamés durant la Grande Famine). Ce voilier sert aussi de navire-école, et des sorties ont lieu de mai à septembre. Consultez le site Internet pour savoir quand le bateau est à quai.

LA VÉRITABLE HÉROÏNE D'ULYSSE
Certains assurent que la ville de Dublin – et non Leopold Bloom – avec ses rues, ses places, ses bâtiments, est le personnage principal d'Ulysse. Joyce lui-même déclara que si la ville venait à disparaître, il espérait qu'on pourrait la reconstruire avec les seuls détails fournis dans son roman. Pendant une unique journée, le 16 juin 1904, l'intrigue suit les déambulations de Leopold Bloom, à pied, en tramway ou en fiacre, sur près de 30 km dans les rues dublinoises, de Dalkey jusqu'au 7 Eccles St, où se trouve aujourd'hui le Mater Private Hospital.

🎦 ST MARY'S PRO-CATHEDRAL
☎ 874 5441 ; www.procathedral.ie ; 83 Marlborough St ; 🕐 8h-19h lun-sam, 8h-14h dim ; 🚌 27, 31b, 42a, 42b, 130, 🚋 Abbey St

L'emplacement de la cathédrale catholique de Dublin est discret : dans Marlborough St. Bâtie entre 1816 et 1825, sa façade est inspirée du temple d'Héphaïstos à Athènes et d'un bel autel sculpté. Fait étrange, Marlborough St fut jadis l'un des plus grands quartiers "rouges" d'Europe…

🛍 SHOPPING

🛍 ARNOTT'S *Grand magasin*
☎ 805 0400 ; Middle Abbey St ; 🕐 9h-18h30 lun-mer, ven-sam, jusqu'à 21h jeu, 12h-18h dim ; 🚌 O'Connell St, 🚋 Jervis

Occupant tout un pâté de maisons et accessible par Henry St, Liffey St et Abbey St, ce grand magasin figure parmi les meilleurs de Dublin. Mobilier de jardin contemporain ou mode ultrabranchée, vous trouverez de tout, même une superbe sélection de vêtements de créateurs pour enfants au 1er étage.

🛍 DEBENHAM'S *Grand magasin*
☎ 873 0044 ; 83 Henry St ; 🕐 9h-18h30 lun-mer, ven-sam, jusqu'à 21h jeu, 12h-18h dim ; 🚌 O'Connell St, 🚋 Jervis

En 2006, la chaîne anglaise a racheté ce grand magasin aussi sublime qu'ancien, succédant à l'enseigne Roches Stores : des vitrines audacieuses et à l'intérieur, des marques de mode urbaine comme Zara, Warehouse et G-Star, ainsi que des rayons maison et électroménager.

🖼 DUBLIN CITY GALLERY – HUGH LANE SHOP
Boutique de musée

☎ 874 1903 ; Charlemont House, N Parnell Sq ; 🕒 9h30-18h mar-jeu, jusqu'à 17h ven-sam, 11h-17h dim ; 🚌 3, 10, 16, 19, 123, 🚆 Connolly

On peut passer de merveilleuses heures dans cette boutique de musée quasi secrète, à dénicher magnets cubistes, immenses mobiles postmodernes, chefs-d'œuvre à colorier, poupées de chiffon, jouets en bois et beaux livres sur l'art et la culture pop.

🖼 DUBLIN WOOLLEN MILLS
Mode et accessoires

☎ 677 5014 ; 41 Lower Ormond Quay ; 🕒 9h30-18h lun-mer, ven-sam, jusqu'à 19h30 jeu, 13h-18h dim ; 🚌 ts ceux traversant la ville, 🚆 Jervis

À l'extrémité nord du Ha'penny Bridge, voici l'un des grands magasins de laine de Dublin. Il propose un large choix de pulls, cardigans, écharpes, châles, tricots et tapis traditionnels. Un système de détaxe est ici en vigueur.

🖼 EARLY LEARNING CENTRE
Jouets

☎ 873 1945 ; 3 Henry St ; 🕒 9h-17h lun-mer et ven, jusqu'à 20h jeu, jusqu'à 17h30 sam, 13h-17h dim ; 🚌 ts ceux traversant la ville, 🚆 Jervis

Large gamme destinée aux enfants, dont des jouets en bois et en plastique de la marque ELC, des jeux d'éveil, des gadgets sonores tout simples et une série de jouets autour du personnage de dessin animé Thomas la locomotive.

🖼 IRISH HISTORICAL PICTURE COMPANY *Photographies*

☎ 872 0144 ; 5 Lower Ormond Quay ; 🕒 9h-18h lun-ven, 10h-17h sam-dim ; 🚌 ts ceux traversant la ville, 🚆 Jervis

Riche de la deuxième plus grande collection d'épreuves derrière la National Library, cet établissement possède plus de 12 000 photos prises en Irlande au début du XXe siècle : les 32 comtés sont représentés, des scènes urbaines au travail des coupeurs de tourbe. Vous pouvez commander des tirages encadrés et les obtenir en quelques minutes.

🖼 JERVIS CENTRE
Centre commercial

☎ 878 1323 ; Jervis St ; 🕒 9h-18h lun-mer, ven-sam, jusqu'à 21h jeu, 12h-18h dim ; 🚆 Jervis

Sous un dôme, ce centre commercial ultramoderne est un temple de chaînes britanniques regroupant Boots, Top Shop, Debenhams, Argos, Dixons, Marks & Spencer, Miss Selfridge.

 LOUIS COPELAND
Mode

☎ 872 1600 ; 39-41 Capel St ; ⏱ 9h-17h30 lun-mer, ven-sam, jusqu'à 19h30 jeu ; 🚌 37, 70, 134, 172, 🚇 Jervis
Une adresse dublinoise traditionnelle dédiée aux costumes et vêtements de ville masculins Lacoste, Burberry, Dior ou Louis Féraud. M. Copeland lui-même travaille dans cette boutique, la première ouverte. Il en existe deux

autres dans la ville, dont une au 18-19 Wicklow St (carte p. 39, C2).

📷 MOORE STREET MARKET
Marché

Moore St ; ⏱ 9h-16h lun-sam ;
🚌 ts ceux traversant la ville, 🚇 Jervis
Ce marché en plein air qui dégage une atmosphère très "vieux Dublin" offre fruits, poissons et fleurs. Aux vendeurs habituels proposant cigarettes, tabac et chocolat bon marché se sont ajoutés des Nigérians et des Chinois qui vendent des cartes de téléphone et des extensions capillaires.

Les beaux étalages du Moore Street Market

O'CONNELL STREET ET SES ENVIRONS

ADORABLES VILLAGES : CLONTARF, HOWTH, MALAHIDE

De la rive nord de la Liffey, partez vers l'est en longeant le port pour découvrir Clontarf, une jolie bourgade dans la baie. La digue de **North Bull Wall**, sur près de 1 km, fut érigée en 1820 pour empêcher l'ensablement du port. Des marais et des dunes se sont formés derrière elle, donnant naissance à **North Bull Island**, une île classée réserve de la biosphère par l'Unesco. Elle abrite une faune et une flore diverses (jusqu'à 40 000 oiseaux). Rejoignez l'**Interpretive Centre** (centre d'interprétation ; ☎ 833 8341 ; entrée libre ; ⏰ horaires changeants, téléphonez au préalable) en traversant à pied la chaussée nord, longue de 1,5 km.

À l'extrémité nord de la baie, le charmant port de Howth possède trois jetées et dispose de bons pubs et adresses pour un *fish and chips*. La **Hill of Howth**, une colline où randonner une journée ou une demi-journée permet d'accéder à de beaux panoramas sur Dublin et la baie.

À environ 1,5 km au nord, **Ireland's Eye** est une île rocheuse abritant une réserve ornithologique et les vestiges d'un monastère du VIᵉ siècle. Une tour Martello se dresse à sa pointe nord-ouest, et, à l'est, une falaise spectaculaire tombe à pic dans la mer. Vous pourrez peut-être y voir des phoques. L'été, **Doyle & Sons** (☎ 831 4200) propose des bateaux rejoignant l'île au départ de la jetée est (East Pier) ou au départ du port de Howth vers 10h30 le week-end. L'aller-retour coûte 10 €.

Dans un parc de 100 ha, **Malahide Castle** (☎ 846 2184 ; entrée 6,70/5,70 €) est un mélange de styles architecturaux. Ce château, résidence de la famille Talbot de 1185 à 1976, abrite la **Fry Model Railway**, un chemin de fer miniature, le **Tara's Palace** (☎ 846 3779 ; entrée sur don ; ⏰ 10h45-16h45 lun-sam, 11h30-17h30 dim avr-sept), sorte de gigantesque maison de poupée et Les **Talbot Botanic Gardens** (☎ 872 7777 ; entrée 4 € ; ⏰ 14h-17h mai-sept), qui possèdent une collection de plantes variées venant de l'hémisphère Sud.

Accostage sur Ireland's Eye au pied d'une tour Martello

PENNEY'S *Mode*
☎ 872 0466 ; 37 O'Connell St ; 🕐 8h30-18h30 lun-mer, ven-sam, jusqu'à 21h jeu, 12h-18h dim ; 🚌 O'Connell St, 🚆 Abbey St

Les vêtements ne résisteront peut-être pas à de nombreux lavages, mais qu'importe quand ils coûtent 3 € ? Le meilleur de Penney's ? Des tops sympas à la dernière mode, des sous-vêtements originaux et des pulls pour grands et petits.

SMYTHS TOYS *Jouets*
☎ 878 2878 ; Jervis St ; 🕐 10h-18h lun-mer, ven-sam, jusqu'à 21h jeu, 13h-18h dim ; 🚌 ts ceux traversant la ville, 🚆 Jervis

Retombez en enfance dans ce supermarché du jouet aux rayons immenses et bien garnis : Barbie et Action Man, Lego, V-Tech, peluches, jeux de société et jeux électroniques. Une salle entière est consacrée à la Playstation, à la Gameboy et aux DVD.

WINDING STAIR *Librairie*
☎ 873 3292 ; 40 Lower Ormond Quay ; 🕐 9h30-18h lun-sam ; 🚌 ts ceux traversant la ville, 🚆 Jervis

Il y a quelques années, sa fermeture avait suscité un tollé. L'"Escalier tournant" a rouvert, et l'on peut à nouveau y feuilleter un excellent choix de livres neufs et d'occasion rangés dans des bibliothèques pleines à craquer. Quand vous aurez

Jouets à gogo chez Smyths

fini de musarder, montez l'escalier, vous trouverez un excellent restaurant (p. 116).

🍴 SE RESTAURER

🍴 101 TALBOT
Méditerranéen et oriental €€
☎ 874 5011 ; www.101talbot.ie ; 101 Talbot St ; 🕐 17h-23h mar-sam ; 🚌 ts ceux traversant la ville

Cette adresse enjouée est un repaire d'artistes, d'étudiants, d'habitants du quartier et d'amateurs de théâtre, séduits par une carte éclectique, une ambiance très cantine et des œuvres d'art exposées. Les coquilles Saint-Jacques au boudin noir sauce framboise sont divines.

MÉRITE LE DÉTOUR : AU-DELÀ DU ROYAL CANAL

Le nord, au-delà du Royal Canal, ne se résume pas à de simples bourgades de banlieue et recèle quelques-uns des sites les plus intéressants de Dublin.

Temple incontesté des sports gaéliques, l'ultramoderne **Croke Park** (☎ 836 3222 ; www. crokepark.ie ; Clonliffe Rd, Dublin 3 ; ⏱ avr-sept ; 🚌 3, 11, 11a, 16, 16a, 51a, 123) accueille les matchs les plus importants des championnats de football gaélique et de hurling, ainsi que les matchs à domicile des clubs dublinois. Musée attaché au stade, **Croke Park Experience** (☎ 819 2323 ; http://museum.gaa.ie ; entrée générale 5,50/4/3,50 €, musée et visite du stade 9,50/7/6 € ; ⏱ 9h30-17h lun-sam, 12h-17h dim avr-oct, 10h-17h mar-sam, 12h-16h dim nov-mars) retrace l'histoire du hurling, du football gaélique, du *camogie* (le hurling féminin) et du handball. Des écrans interactifs vous permettent de tester vos talents, d'écouter des enregistrements de matchs mémorables et de visionner des moments historiques. Vous pouvez aussi visiter le terrain et les vestiaires avec un guide.

Plus au nord-est, changement d'ambiance au **Casino Marino** (☎ 833 1618 ; www. heritageireland.ie ; Malahide Rd, Marino ; entrée 3/1/2 € ; ⏱ 10h-18h mai-sept, dernière visite 45 min avant la fermeture ; 🚌 20a, 20b, 27, 27b, 42, 42c, 123, 🚆 Clontarf Rd) – mais n'imaginez pas y gagner le gros lot. À mi-chemin entre le temple romain (de l'extérieur) et la demeure georgienne extravagante (à l'intérieur), ce "casino" est l'une des plus belles (et des plus étonnantes) constructions palladiennes d'Irlande, bâtie par sir William Chambers pour l'excentrique James Caulfield (1728-1799). Le bâtiment est un vrai dédale de pièces.

🍽 BAR ITALIA *Italien* €€

☎ 874 1000 ; www.baritalia.ie ; 28 Lower Ormond Quay ; ⏱ 10h30-23h lun-sam, 13h-21h dim ; 🚌 ts ceux traversant la ville ; 🚴 V

Cette table appartient à la nouvelle génération qui souhaite montrer comment l'Italie mange réellement. Entre autres spécialités, des assiettes d'antipasti rustiques, des plats de pâtes sans cesse renouvelés (par exemple, tagliatelles agrémentées d'un *ragú* de bœuf irlandais), des risottos maison ainsi qu'un excellent café Palombini.

🍽 BON GA *Coréen* €€

☎ 872 7934 ; www.bonga.ie ; 52 Capel St ; ⏱ 17h30-24h ; 🚌 ts ceux traversant la ville ; V

Le barbecue coréen, c'est sympa et – en l'occurrence – très bon, mais cet établissement spacieux et accueillant où se pressent habitants, touristes et étrangers a quelque chose en plus : les salles karaoké, où dîner tout en s'époumonant ! Pour soigner vos cordes vocales, goûtez à l'alcool de riz *dongdong ju* ou au *soju*, sorte de vodka coréenne. Excellente soirée en perspective.

Plus au nord, **Helix** (☎ 700 7000 ; www.thehelix.ie ; Collins Ave, Glasnevin ; 🚌 4, 11, 13, 19), le centre d'art de la Dublin City University, est un superbe édifice de trois salles où voir toutes sortes de spectacles, de la musique au théâtre en passant par le ballet et l'opéra.

En repartant vers Dublin, la ville de Glasnevin recèle deux sites historiques parfaits pour une après-midi de balade. Flânez dans l'arboretum et le long des massifs de roses des **National Botanic Gardens** (☎ 837 7596 ; Botanic Rd, Glasnevin ; entrée libre ; 🕙 9h-18h lun-sam, 11h-18h dim avr-oct, 10h-16h30 lun-sam, 11h-16h30 dim nov-mars ; 🚌 13, 19, 83), centre d'études horticoles et botaniques qui a regroupé sur deux siècles plus de 20 000 variétés de plantes sur 20 ha. S'étendant à l'ouest des jardins, le **Prospect Cemetery** (☎ 830 1133 ; www.glasnevin-cemetery.ie ; Finglas Rd ; entrée libre ; 🕙 24h/24, visite 14h30 mer et ven ; 🚌 40, 40a) est le plus grand cimetière catholique d'Irlande. Fondé en 1832, il apparaît dans l'*Ulysse* de Joyce. Les tours servaient à surveiller les déterreurs de cadavres qui travaillaient, au XIXe siècle, pour les écoles de médecine. Ensuite, rendez-vous dans l'un des pubs les plus authentiques de Dublin, **Kavanagh's** (☎ 830 7978 ; 1 Prospect Sq, Glasnevin ; 🕙 10h-24h), plus connu ici sous le nom de The Gravediggers ("les Fossoyeurs").

Le **National Aquatic Centre** (☎ 646 4300 ; www.nationalaquaticcentre.ie ; Snugborough Rd, Blanchardstown ; entrée 14/12 € ; 🕙 6h-22h lun-ven, 9h-20h sam-dim ; 🚌 38a depuis Hawkins St) est une autre option pour une agréable journée (de beau temps). Créé en 2003 pour accueillir les Jeux olympiques spéciaux d'été, c'est le plus grand parc aquatique couvert d'Europe. L'attente y est longue les après-midi de week-end !

🍴 CHAPTER ONE *Français* €€€

☎ 873 2266 ; www.chapterone restaurant.com ; 18-19 Parnell Sq ; 🕙 12h30-14h30 et 18h-23h mar-sam ; 🚌 10, 11, 16, 19

Savourez une cuisine française classique dans le meilleur restaurant de la rive nord, installé sous les belles voûtes des caves du Dublin Writers Museum (p. 107). Michelin lui ayant attribué des mois pour obtenir une table, mais le menu à trois plats avant le théâtre (servi avant 19h) est excellent.

🍴 COBALT CAFÉ & GALLERY *Café* €

☎ 873 0313 ; 16 N Great George's St ; 🕙 10h-16h30 lun-ven ; 🚌 ts ceux traversant la ville ; ♿ Ⓥ

Si vous êtes dans le quartier, il faut absolument passer dans ce sublime café, qui a élu domicile dans un spacieux salon georgien. Presque en face du James Joyce Centre, il propose une carte simple, dont des soupes copieuses à déguster l'hiver au coin du feu et de superbes salades et sandwichs à grignoter l'été dans le jardin.

🍴 LA TAVERNA DI BACCO

Italien €€

☎ 873 0040 ; 24 Lower Ormond Quay ;
🕐 12h30-22h30 mar-sam, dès 17h dim ;
🚌 ts ceux traversant la ville, 🚊 Jervis
Le promoteur et fana de foot Mick
Wallace a réussi à lui seul à créer
un nouveau quartier italien plein
de vie : cafés et restaurants se
multiplient sur Quartier Bloom, une
nouvelle artère reliant Ormond
Quay à Great Strand St. La Taverna
(et un peu plus loin, l'Enoteca Delle
Langhe) sert pâtes, antipasti et
fromages italiens, mais aussi les
nectars succulents des vignobles
piémontais (dont ceux de Wallace).

🍴 MELODY *Chinois* €€

☎ 878 8988 ; 122 Capel St ; 🕐 17h30-
midnight ; 🚌 ts ceux traversant la ville,
🚊 Jervis ; Ⓥ
Ce restaurant animé (avec force
laque rouge et marbre noir)
s'adresse peut-être d'abord à la
communauté chinoise, mais tous
les Dublinois l'adorent et y viennent
(souvent en groupe) pour sa cuisine
correcte et ses salles karaoké.

🍴 SOUP DRAGON

Café et soupes €

☎ 872 3277 ; www.soupdragon.com ;
168 Capel St ; 🕐 8h-17h30 lun-ven,
11h-17h sam ; 🚌 ts ceux traversant
la ville ; ♿ Ⓥ
Sur place ou à emporter, en trois
tailles de bols, 12 bonnes soupes

maison, dont une au curry vert
(thaïe) et une de poisson, en
version classique ou allégée. Le
prix comprend du pain maison et
un fruit. Le Soup Dragon sert aussi
(toute la journée) un savoureux petit
déjeuner avec un choix de produits
sains : *smoothies* frais, bols généreux
de yaourt, fruits et muesli, ou encore
bagel garni d'un œuf poché.

🍴 WINDING STAIR

Cuisine irlandaise moderne €€€

☎ 873 3292 ; www.winding-stair.com ;
40 Lower Ormond Quay ; 🕐 9h-18h lun-
sam, dès 13h dim ; 🚌 ts ceux traversant
la ville, 🚊 Jervis
Dans une belle bâtisse georgienne
qui abritait jadis la librairie
bien-aimée des Dublinois (elle
existe toujours, au rez-de-chaussée ;
p. 113), ce restaurant a été aménagé
avec beaucoup de goût. Carte
irlandaise magnifique (tourte de
poisson à la crème, chou bio et
bacon, moules vapeur, fromages
fermiers) et excellents vins.

🍸 PRENDRE UN VERRE

🍸 CHURCH *Pub*

☎ 878 0223 ; Mary St ; 🕐 10h-1h lun-
mer, jusqu'à 2h30 jeu-sam, 12h30-24h
dim ; 🚊 Jervis
Nous ne sommes pas des adeptes
des pubs géants, mais celui-ci mérite
le détour. Le patriote Wolfe Tone, qui

fut baptisé ici, et le fondateur de la fameuse brasserie, Arthur Guinness, qui s'y était marié, n'auraient peut-être guère apprécié le sort réservé à cette église du début du XVIIIe siècle. Sa restauration est sublime : plaques, inscriptions historiques et un orgue gigantesque. Clientèle plutôt chic.

FLOWING TIDE *Pub*
☎ 874 0842 ; 9 Lower Abbey St ; 🚌 ts ceux traversant la ville, 🚊 Abbey St

Juste en face de l'Abbey Theatre, ce pub attire un mélange d'amateurs de théâtre et d'habitants de la rive nord auxquels se mêlent quelques comédiens entre deux répétitions. Une adresse très animée.

SACKVILLE LOUNGE *Bar*
☎ 874 5222 ; Sackville Pl ; 🚌 ts ceux traversant la ville, 🚊 Abbey St

Ce bar, minuscule salle lambrissée du XIXe siècle, se cache tout près d'O'Connell St, d'où sa popularité auprès des comédiens, des spectateurs de théâtre et de ceux qui apprécient une bonne pinte dans un très beau cadre à l'ancienne.

SIN É *Bar*
☎ 878 7009 ; 14-15 Upper Ormond Quay ; 🚌 ts ceux traversant la ville, 🚊 Jervis

Pas de déco digne d'intérêt, mais ce bar (dites "*chin-è*", "c'est cela", ou "voilà qui est fait" en gaélique) accueille presque tous les soirs

Lumière chaude, bois étincelant et bonne bière au Sackville Lounge

LES QUARTIERS

O'CONNELL STREET ET SES ENVIRONS

une foule bigarrée d'actifs et d'étudiants, de branchés et de non-branchés. Les excellents DJ n'y sont pas pour rien.

⭐ SORTIR

ABBEY THEATRE *Spectacles*
☎ 878 7222 ; www.abbeytheatre.ie ; Lower Abbey St ; entrée Abbey Theatre 12-30 €, Peacock Theatre 12-25 € ; 🕐 billetterie 10h30-19h lun-sam ; 🚌 ts ceux traversant la ville, 🚆 Abbey St
Il devrait s'installer prochainement dans de nouveaux locaux dans les Docklands, mais pour l'heure le théâtre national d'Irlande (qui comprend une petite salle expérimentale, le Peacock Theatre) réside encore dans ce vaste bloc de béton près du fleuve. Au programme, œuvres irlandaises contemporaines et pièces de Yeats, Synge, Sean O'Casey, Behan et Beckett. Voir aussi p. 19.

⭐ AMBASSADOR THEATRE *Concerts*
www.mcd.ie ; Upper O'Connell St ; 🕐 ouverture des portes 19h30 ; 🚌 ts ceux traversant la ville
Cet ancien cinéma au bout d'O'Connell St a conservé l'essentiel de son intérieur rococo. C'est dans la grande fosse, en bas, qu'on apprécie le mieux ses concerts de stars internationales. Sur la mezzanine, vous serez assis dans de vieux fauteuils de cinéma en velours avec porte-gobelet.

⭐ CINEWORLD *Cinéma*
☎ 872 8400 ; www.cineworld.ie ; Parnell Centre, Parnell St ; 🕐 dès 10h ; 🚌 ts ceux traversant la ville ; ♿
Le multiplexe le plus moderne du centre-ville, avec 17 salles où voir les nouveaux films.

⭐ GATE THEATRE *Spectacles*
☎ 874 4045 ; www.gate-theatre.ie ; E Parnell Sq ; entrée 18-30 € ; 🕐 billetterie 10h-19h lun-sam ; 🚌 ts ceux traversant la ville
Classiques internationaux d'auteurs comme Harold Pinter et Noel Coward, pièces irlandaises plus anciennes d'Oscar Wilde, George Bernard Shaw ou Oliver Goldsmith, mais aussi productions contemporaines vous sont ici proposés. Voir aussi p. 19.

⭐ LAUGHTER LOUNGE *Comédie*
☎ 1800 266 339 ; www.laughterlounge.ie ; Eden Quay ; entrée 25-30 € ; 🕐 spectacle à 21h jeu-sam ; 🚌 ts ceux traversant la ville, 🚆 Abbey St
L'unique salle dublinoise conçue pour accueillir des spectacles d'humour reçoit jusqu'à 400 spectateurs. Chaque soir quatre productions d'Irlande et d'ailleurs sont à l'affiche. L'entrée comprend l'accès au club qui ouvre

Au bar du Dublin's Gate Theatre

après le spectacle, l'After Lounge, avec DJ.

⭐ **PANTI BAR** *Spectacles LGBT*
☎ 874 0710 ; www.pantibar.com ; Capel St ; 🕑 16h-23h30 dim-mer, jusqu'à 0h30 jeu-sam ; 🚌 37, 70, 134, 172, 🚊 Jervis

Le bar gay le plus extravagant de la rive nord est toujours bondé. On y adore le spectacle qui a lieu autant sur scène que dans la salle. Le thème change tous les soirs : de l'artisanat du lundi à la détente du dimanche.

⭐ **TWISTED PEPPER**
Club et concerts
☎ 873 4800 ; www.bodytonicmusic. com ; 54 Middle Abbey St ; 🕑 8h-24h lun-mer, 10h-2h30 jeu-sam ; 🚌 ts ceux traversant la ville, 🚊 Abbey St

La nouvelle adresse la plus cool de Dublin se décline en quatre espaces : le sous-sol où entendre quelques-uns des meilleurs DJ, la scène pour des concerts, le coin bar tranquille de la mezzanine et le café pour prendre un petit déjeuner irlandais toute la journée.

>SMITHFIELD ET PHOENIX PARK

En plein développement, le quartier de Smithfield est un lieu tendance et sophistiqué : ses bâtiments d'architectes flambant neufs autour d'une belle place sont un lieu de rencontre pour la jeunesse branchée qui vit à proximité, vient y faire son shopping et fréquenter bars et restaurants. La place principale, pièce maîtresse de la reconversion, accueillait des marchés depuis le XVIIe siècle et, ces dernières décennies, servait de cadre à une foire aux chevaux animée où les accords se concluaient en crachant dans la main. Cette époque est désormais révolue, les étals de fruits et légumes et autres curages de sabots, s'accordant mal avec les récentes ambitions esthétiques du lieu, ont hâtivement été repoussés hors des limites du quartier. À ce jour, la transformation n'est pas encore achevée. Près de 400 000 pavés anciens ont été retirés pour être nettoyés à la main et débarrassés des résidus de crottin accumulés au fil des ans, avant d'être posés à côté des trottoirs en granit, donnant ainsi à la place une nouvelle jeunesse. Plus haut le long de la Liffey, le vaste espace de verdure de Phoenix Park est le plus grand terrain de jeux des Dublinois.

SMITHFIELD ET PHOENIX PARK

🅒 VOIR

Dublin Zoo
 (Zoo de Dublin) **1** A2
Four Courts **2** E4
National Museum
 of Ireland - Decorative
 Arts & History **3** D3
Old Jameson
 Distillery **4** E3
Phoenix Park **5** A2
St Michan's Church **6** E3

🅨 PRENDRE UN VERRE

Cobblestone **7** D3
Dice Bar **8** D4
Hughes' Bar **9** E3
Voodoo Lounge **10** D4

◉ VOIR

◉ DUBLIN ZOO (ZOO DE DUBLIN)

☎ 677 1425 ; www.dublinzoo.ie ; Phoenix Park ; 15/10,50/43,50 € ; ⏱ 9h30-18h lun-sam, 10h30-18h dim mars-sept, 9h30-coucher du soleil lun-ven, 9h30-coucher du soleil sam, 10h30-coucher du soleil dim oct-fév ; 🚌 10 depuis O'Connell St, 25 ou 26 depuis Abbey St Middle ; ♿

Deuxième plus vieux zoo d'Europe, il rassemble plus de 700 animaux, dont des rhinocéros, gorilles, léopards, pingouins ou ours polaires. Les enfants raffoleront des séances régulières de nourrissage, de la balade en petit train, de la savane africaine et de la vaste aire de jeux.

◉ FARMLEIGH

☎ 815 5900 ; www.farmleigh.ie ; Phoenix Park, Castleknock ; gratuit ; ⏱ 10h30-17h30 sam et dim, parfois fermé lors des manifestations officielles ; 🚌 37 depuis le centre-ville

Splendide réalisation de l'architecte James Gandon, ce bel édifice au mélange de styles georgien et victorien, jadis propriété de Guinness, a été restauré par l'État en 2001. Seul le rez-de-chaussée, doté d'une fantastique bibliothèque et d'une véranda, se visite, mais il est très agréable de se balader dans son vaste jardin d'agrément composé d'un lac, d'un jardin clos et d'un jardin japonais. En juillet, il devient le cadre idéal des RTE Summer Proms, des concerts gratuits autour de grandes œuvres classiques dirigées par des chefs d'orchestre invités.

◉ FOUR COURTS

☎ 872 5555 ; Inns Quay ; gratuit ; ⏱ 9h-16h30 lun-ven ; 🚌 134, 🚇 Four Courts

De style néoclassique, orné d'une façade de 130 m de long, ce bâtiment, siège de la Cour suprême d'Irlande, fut érigé entre 1786 et 1802 selon les plans de l'architecte James Gandon. En 1922, l'édifice est pris d'assaut par les républicains hostiles au traité anglo-normand, puis pilonné par les forces favorables au traité qui tentent de les déloger. Expositions sur l'histoire et la reconstruction du bâtiment au 1er étage. Entre 10h et 16h, il est possible d'assister aux audiences de la Cour depuis les galeries publiques.

◉ NATIONAL MUSEUM OF IRELAND – DECORATIVE ARTS & HISTORY

☎ 677 7444 ; www.museum.ie ; Benburb St ; gratuit ; ⏱ 10h-17h mar-sam, 14h-17h dim ; 🚌 25, 25a, 66, 67, 90, 92, 🚇 Museum ; ♿

Sur la rive nord de la Liffey, le splendide édifice en pierre de grès des débuts de l'époque néoclassique abrita la plus vaste caserne militaire au monde, d'où

Reflets verts sur la Liffey, dominée par le sombre bâtiment des Four Courts

son nom de "Collins Barracks" (Michael Collins fut l'un des artisans de l'indépendance). Le lieu abrite aujourd'hui la collection d'arts décoratifs et d'histoire du Musée national d'Irlande composée d'objets en argent, céramique ou verre, d'armes et de mobilier. On y trouve aussi des expositions sur la vie du peuple irlandais, et une belle présentation de l'icône du design irlandais, Eileen Gray (1878-1976). Manifestations et ateliers pour enfants organisés régulièrement.

☉ OLD JAMESON DISTILLERY

☎ 807 2355 ; www.jameson.ie ; Bow St ; 13,50/8/30 € ; 🕑 visites guidées toutes les 35 min 9h-17h30 ; 🚌 67, 67a, 68, 69, 79, 134, 🚇 Smithfield

Installé dans la distillerie Jameson d'origine, où fut produit le célèbre whiskey irlandais de 1791 à 1966, le musée raconte l'histoire du site et de la boisson sur fond de marketing. Reconstitution de la distillerie, explications sur le processus de distillation et petite dégustation gratuite en fin de visite.

☉ PHOENIX PARK

☎ 677 0095 ; www.phoenixpark.ie ; parc gratuit, centre des visiteurs 2,75/1,25/7 € ; 🕑 centre des visiteurs 10h-18h avr-sept, 10h-17h oct, 10h-17h lun-sam nov et déc, 10h-17h sam et dim

SMITHFIELD ET PHOENIX PARK

MEURTRE DANS LE PARC

En 1882, Lord Cavendish, ministre britannique délégué à l'Irlande, et son assistant, furent poignardés à mort dans le Phoenix Park par des membres d'un obscur groupe nationaliste dissident, les "Invincibles". Les assassins s'enfuirent mais furent trahis par un de leurs compagnons et pendus à Kilmainham Gaol (p. 100).

jan-mars ; 🚌 centre des visiteurs 37, 38, 39, entrée du parc 10, 25, 26, 66, 67 68, 69 Ce parc urbain, l'un des plus grands au monde, accueille des joggeurs, des grands-mères poussant des landaus, des aristocrates promenant leur chien… et près de 300 daims.

Des lacs et jardins, un stade, des terrains de cricket et de polo, une piste automobile et de belles demeures du XVIIIe siècle, dont celle du président irlandais et de l'ambassadeur des États-Unis. Le samedi, visites guidées gratuites de la résidence présidentielle au départ du centre des visiteurs, entre 10h30 et 16h30.

🗝 ST MICHAN'S CHURCH

☎ 872 4154 ; Lower Church St ; 4/3,50 € ; 🕙 10h-12h45 et 14h-16h45 lun-ven, 10h-12h45 sam mai-oct, 12h30-15h30 lun-ven nov-avr ; 🚌 134, 🚉 Four Courts Fondée par les Danois en 1095, remodelée en 1686 et 1828, l'église abrite un bel orgue en chêne

Match de cricket dominical au Phoenix Park

sur lequel aurait joué Haendel. L'attraction phare reste sa crypte, où l'on peut voir des cercueils aux cadavres momifiés par le magnésium des murs de calcaire.

Y PRENDRE UN VERRE

Y COBBLESTONE
Pub de musique traditionnelle
☎ 872 1799 ; 77 N King St ; 8-12 € ;
🚌 134, 🚊 Smithfield

Bordant Smithfield Sq, ce pub à l'ancienne est l'adresse favorite de Frank Black, chanteur des Pixies. Chaque soir, étoiles montantes ou anciennes de la scène musicale traditionnelle viennent s'y produire jusqu'à la fermeture.

Y DICE BAR *Bar*
☎ 674 6710 ; 79 Queen St ; 🚌 25, 37, 39, 79, 90, 🚊 Smithfield

Cette copropriété de Huey, chanteur des Fun Lovin' Criminals, rappelle un bar du Lower East Side new-yorkais, avec un intérieur rouge et noir et des bougies dégoulinantes attirant une population beatnik chic. Soirée rockabilly le dimanche.

Y HUGHES' BAR
Pub de musique traditionnelle
☎ 872 6540 ; 19 Chancery St ; 🚌 ts ceux traversant la ville, 🚊 Four Courts

La clientèle matinale des travailleurs du marché d'en face est remplacée

Le Voodoo Lounge, célèbre pour son décor décadent

en journée par les avocats et leurs clients venus des Four Courts proches. La nuit, le lieu se transforme en salle de concerts et accueille de talentueux musiciens traditionnels.

Y VOODOO LOUNGE *Bar*
☎ 873 6013 ; 37 Arran Quay ;
🕐 12h30-23h30 lun-mer, 12h30-2h30 jeu-sam, 12h30-23h dim ; 🚌 25, 37, 39, 79, 90, 🚊 Smithfield

Sur les quais au sud de Smithfield, dirigé par la même équipe que le Dice Bar (ci-contre), le Voodoo Lounge est un bar sombre, tout en longueur, au décor décadent tendance gothique. Indé, électro-pop et rock pour l'ambiance (très) sonore appréciée du public.

> AU-DELÀ DU GRAND CANAL

Les quartiers les plus cossus de Dublin s'étendent au sud du Grand Canal, qui marque la limite méridionale du centre de la capitale. C'est le cas du quartier très recherché de Dublin 4 (du nom de son code postal), devenu synonyme de sophistication et de privilèges, que l'on aime (ou pas) envier et railler. Au cours de votre exploration, vous remarquerez d'emblée l'abondance de la verdure et trouverez beaucoup à voir et à faire, sur un marché bio haut de gamme, dans un concert de musique traditionnelle ou devant une course de lévriers.

Construit pour relier Dublin au fleuve Shannon, dans le centre de l'Irlande, le Grand Canal serpente gracieusement sur 6 km autour de Dublin sud et rejoint la Liffey au niveau de Ringsend par des écluses érigées en 1796. L'imposant Grand Canal Dock, délimité par Hanover Quay et Charlotte Quay, fait le bonheur des véliplanchistes et canoéistes et connaît de nombreux nouveaux aménagements.

AU-DELÀ DU GRAND CANAL

⦿ VOIR
Dillon Garden	1	C4
Herbert Park	2	D3

🍴 SE RESTAURER
Expresso Bar	3	D2
French Paradox	4	D3
Itsa4	5	F3
Juniors	6	D2

⭐ SORTIR
Royal Dublin Society Concert Hall	7	E3
Shelbourne Greyhound Stadium	8	E1

400 m
0,2 miles

Dublin
Harbour

Park Ave

Vers Connlaths
Ceáltóirí Éireann (6 km),
Blackrock Market (8 km),
People's Park
Market (8 km),
Dalkey (9 km)
et le James Joyce
Museum (10 km)

Shelbourne
Stadium

Irishtown

Sandymount Rd

Sandymount

Sandymount

Ringsend

Ringsend
Park

Tritonville Rd

Sandymount Ave

Serpentine Ave

Ferrah

Ailesbury Rd

Bath Ave

Bridge St

S Lotts Rd

Londsdowne
Aviva Stadium

Lansdowne
Rd

Landsdowne Rd

Dodder

Ballsbridge

Merrion Rd

Simmonscourt Rd

Anglesea St

Terrain
de sports

Shrewsbury Rd

Kingswen

Sir John Rogerson's Quay

Grand Canal Docks

Charlotte Quay

Grand Hanover Quay

Grand Canal Quay

Grand Canal Dock

Ringsend Rd

Barrow St

Grand
Canal
Square

Shelbourne Rd

Royal
Dublin
Society
Showground

Celtic League
Rugby
Ground

Herbert
Park

Herbert Park

Ferris
Club

Beggar's Bush

Northumberland Rd

Pembroke Gdns

Pembroke La

Elgin Rd

Clyde Rd

Pembroke Rd

Pembroke Park

Donnybrook Rd

Donnybrook Ave

E Hanover St

Pearse

Macken St

Lower Mount St

Wilton Pl

Shelbourne Pl

Herbert Pl

Herbert St

Percy La

Northumberland Rd

Haddington Rd

Wellington Rd

Heytesbury La

Wellington La

Waterloo Rd

Waterloo La

Morehampton Rd

Mespil Rd

Le Grand Canal

Vers
les Airfield Trust
Gardens (6km)

Metton Rd

Sandford Rd

Townsend St

Fleet St

Pearse St

Markievicz
Pl

Boyne St

Hogan Pl

Fenian St

Grand Canal St

Grand Canal St Lower

Lower Grand Canal St

Denzille La

Holles St

Merrion St

W Merrion Sq

N Merrion Sq

S Merrion La

Fitzwilliam La

Fitzwilliam St

Fitzwilliam Pl

Fitzwilliam Sq

Sussex Rd

Upper Leeson St

Leeson Park

Donnybrook

Café
Bar Deli

Anna Villa

Beechwood Ave

Beechwood

Belgrave Rd

Merchant's Quay

Liffey Quays

Four
Courts

High St

Nicholas St

Francis St

Mill St

Bride St

Bishop St

Long La

Camden Row

Heytesbury St

Arnott St

Desmond St

Carlisle St

S Circular Rd

Windsor Tce

Victoria St

Grove Rd

Portobello
Harbour

Lennox St

Synge St

Grantham Pl

Grantham St

Voir
carte SoDa
p. 80-81

York St

Cuffe St

Golden La

Wexford St

Aungier St

Drury St

S William St

Clarendon St

S Great George's St

St Stephen's
Green

Iveagh
Gardens

Harcourt St

Charlotte Tce

Earlsfort Tce

Adelaide Rd

Charlemont St

Charlemont

Dartmouth Rd

Dartmouth Sq

N Brighton Ave

Mount Pleasant Sq

Mount Pleasant Ave

Ranelagh

Ranelagh Rd

Moyne Rd

Chelmsford Rd

Palmerston Rd

Lower Rathmines Rd

Rathgar Rd

Leinster Rd

Castlewood Ave

Tranquilla Rd

Mt Drummond Ave

Greenmount
Square

Dame St

Nassau St

Dawson St

Grafton St

Trinity
College

Le château
de Dublin
p. 52

Voir la Dublin
géorgien
p. 33

Quinn's

Le Dublin georgien
p. 53

Le Dublin
georgien

Merrion Square

Fitzwilliam
Square

Mount St
Crescent

St Stephen's
Green

◉ VOIR

◉ AIRFIELD TRUST GARDENS
☎ 298 4301 ; www.airfield.ie ;
Upper Kilmacud Rd, Dundrum ;
entrée 6/3/18 € ; ⏱ 10h-16h mar-sam,
11h-16h dim ; 🚌 44, 46a, 48a ; 🧑‍🦽
Ancienne propriété des sœurs
excentriques et philanthropes
Letitia et Naomi Overend, le
domaine de 16 ha est désormais
ouvert au public : jardins clos, ferme
pédagogique, musée de voitures

Plaisir de la plaisance sur le Grand Canal

LES CANAUX DE DUBLIN
Un vrai Dublinois, dit-on, doit être né
entre le Grand Canal et le Royal Canal qui
encerclent le centre-ville de la capitale
irlandaise. Grâce à l'initiative visionnaire
de la Wide Street Commission qui, il y a
près de 25 ans, interdit les constructions
à moins de 32 m de l'eau, les sentiers
plantés d'arbres qui longent les canaux
sont devenus un lieu très prisé par
les Dublinois. La croisière nocturne
en barge est une façon délicieuse
d'apprécier le site. À bord de **La
Peniche** (☎ 087 790 0077 ; www.
lapeniche.ie ; Grand Canal, Mespil Rd ;
⏱ 20h30-22h30 jeu), installez-vous
sur le pont et dégustez un excellent
dîner arrosé de bon vin pendant que le
commandant franchit les écluses.

anciennes et jardin médicinal. La
demeure reste fermée aux visiteurs
à l'exception de l'excellent café.

◉ DILLON GARDEN
☎ 497 1308 ; www.dillongarden.com ;
45 Sandford Rd, Ranelagh ; entrée 5 € ;
⏱ 14h-18h mars, juil-août,
14h-18h dim avr-juin et sept ;
🚌 11, 13, 🚊 Beechwood
Ce jardin clos paysager créé par la
jardinière émérite Helen Dillon dans
sa demeure des années 1830 et
inspiré de l'Alhambra de Grenade, ne
manque pas d'originalité : superbe
canal et plates-bandes exotiques
plantées en fonction des couleurs.
Enfants non admis.

Pause ensoleillée sur les pelouses bordant Grand Canal

🅒 HERBERT PARK

Ballsbridge ; entrée libre ; 🕐 aube-crépuscule ; 🚌 5, 7, 7a, 8, 45, 46, 🚆 Sandymount, Lansdowne Rd

Près des Royal Dublin Society Showgrounds, cette étendue de pelouse, mares et parterres fleuris est encadrée par les quartiers cossus de Ballsbridge et Donnybrook et longe la rivière Dodder. Le parc comporte des courts de tennis et une aire de jeux pour les enfants.

🅒 JAMES JOYCE MUSEUM

☎ 280 9265 ; tour Martello, Sandycove ; entrée 7,50/6,30 € ; 🕐 10h-13h et 14h-17h lun-sam, 14h-18h dim avr-oct, sur rdv uniquement nov-mars ; 🚌 59 au départ de Dun Laoghaire, 🚆 Sandycove, Glasthule

Dans le quartier recommandable de Sandycove, le musée James Joyce expose des objets liés à sa vie dans le cadre superbe d'une tour Martello qui domine la baie de Dublin. C'est

> **TRADITION**
> Juste en contrebas de la tour Martello qui abrite le James Joyce Museum se trouve le Forty Foot Pool. À la fin du premier chapitre d'*Ulysse*, Buck Mulligan se dirige vers cette crique pour une baignade matinale, plaisir qui reste aujourd'hui encore une tradition locale. L'endroit fut réservé pendant des années aux hommes en tenue d'Adam, mais les femmes sont aujourd'hui acceptées. Bien qu'un panneau interdise la nudité ("togs must be worn"), des hommes peu farouches entretiennent la tradition le matin avant 9h.

sur le toit de cette tour que se déroule la première scène d'*Ulysse*. Des événements sont organisés pour le Bloomsday (16 juin).

⊙ MARLAY HOUSE ET MARLAY PARK
Grange Rd, Rathfarnham ; entrée libre ; ⊙ 10h-crépuscule ; 🚌 15c, 16, 16a, 48 ; ♿
À 9 km au sud du centre-ville, ce merveilleux parc de 83 ha abrite des constructions du XVIIe siècle, des bois, une faune et une flore abondante, un jardin clos, un parcours de sculptures et un centre d'artisanat. Les enfants adoreront le pont aux fées, l'immense terrain de jeux, la piste de BMX, le skatepark et, l'été, le petit train (15h-17h, mai-sept).

🛍 SHOPPING
⊡ BLACKROCK MARKET
Marché
Main St, Blackrock ; ⊙ 11h-17h30 sam, dès 10h dim ; 🚆 Blackrock
Établi de longue date dans le village de bord de mer de Blackrock, ce marché plein de charme déborde d'une vieille demeure de marchand sur le jardin et la rue. Vous trouverez de tout sur ses étals hétéroclites : cristaux new age, albums du groupe Dollar, futons ou gaufres bien chaudes.

⊡ PEOPLE'S PARK MARKET
Produits gourmets
☎ 087 957 3647 ; People's Park, Dun Laoghaire ; ⊙ 11h-16h dim ; 🚌 11, 11a, 13b, 🚆 Dun Laoghaire
Fruits, légumes, viandes, poissons, fruits de mer ou fromages fermiers, tout est bio sur ce marché très couru de Dun Laoghaire (banlieue sud de Dublin). Savourez un hamburger sur la pelouse.

🍴 SE RESTAURER
🍴 EXPRESSO BAR
Méditerranéen　　　　　€€€
☎ 660 0585 ; 1 St Mary's Rd ; ⊙ 7h30-21h15 lun-ven, 9h-21h15 sam et 10h-17h dim ; 🚌 10 ; ♿
Située sur une route bordée de verdure non loin d'Upper Baggot St, cette adresse branchée et minimaliste, tout en sièges de cuir et

lumière tamisée, attire les rock stars du coin et autres people. L'excellente cuisine (souris d'agneau, poulet grillé au vinaigre balsamique ou bar au four au citron vert et pommes de terre à la menthe) satisfait les convives – lorsqu'ils ne sont pas plongés dans le magazine *Hello!*

☷ FRENCH PARADOX
Français €€

☎ 660 4068 ; www.thefrenchparadox. com ; 53 Shelbourne Rd ; ☷ 12h-15h et 17h-22h lun-sam, 12h-16h dim ; ☷ 5, 7, 7a, 8, 45, 46

Lumineux et aéré, ce bar à vins installé au-dessus de l'excellent caviste du même nom sert une bonne cuisine française – cassoulet, foies gras, assiettes de fromages et de charcuteries et imposantes salades. Tout cela met en valeur le principal atout de cette adresse, une époustouflante carte des vins :

pour la plupart français, ils sont proposés à la bouteille, au verre ou en dégustation de 6,25 cl. Un petit goût de France en plein Dublin.

☷ ITSA4
Irlandais moderne €€

☎ 219 4676 ; www.itsabagel.com ; 6a Sandymount Green ; ☷ 12h-14h et 18h-21h mar-ven, dès 11h sam, 12h-20h dim ; ☷ Sandymount ; ☷ V

Certes, l'intérieur flamboyant d'Itsa4 a servi de cadre à de nombreuses séances photo de mode, mais Domini Kemp, chef spécialisée dans le bio et écrivain, n'a rien de frivole. Sa dernière adresse creuse encore ses ambitions : proposer des produits de qualité dans des plats délicieux et sans chichis. La souris d'agneau aux pommes de terre à la lyonnaise ou assaisonnée à la chicorée, la salade au bleu et aux poires glacées sont un délice.

MÉRITE LE DÉTOUR : DALKEY

À environ 13 km au sud du centre de Dublin, Dalkey est un village charmant et très tendance où se trouvent de nombreux pubs et restaurants... et un nombre croissant de Dublinois aisés.

Privé de toit, **Archibald's Castle**, sur Castle St, n'ouvre qu'à Noël : une crèche y est alors exposée au public. De l'autre côté de la route se dresse le **Dalkey Castle Heritage Centre**, un château du XVe siècle abritant un **centre d'accueil** (☎ 285 8366 ; entrée 6/4/16 € ; ☷ 9h30-17h lun-ven, dès 11h sam-dim). Vous y découvrirez le système de défense du château, l'histoire des transports dans la région et divers mythes et légendes. Le week-end, le circuit Living History inclut une reconstitution théâtrale du Dublin médiéval. Le site abrite également les vestiges de la **St Begnet's Church et de son cimetière** du XIe siècle.

Les abords de **Dalkey Island** sont très prisés par les amateurs de snorkeling : pour les rejoindre, prenez l'un des petits bateaux qui vous attendent au port de Coliemore Harbour. Dalkey est accessible en DART depuis Dublin (voir p. 160).

Entrez dans le monde des courses de lévriers au Shelbourne Greyhound Stadium

JUNIORS

Irlandais moderne €€

☎ 664 3648 ; www.juniors.ie ;
2 Bath Ave, Sandymount ; 🕐 12h30-
23h30 ; 🚌 5, 7, 7a, 8, 45, 46,
🚉 Lansdowne Rd

Étroit, ressemblant à n'importe quel café ancien, Juniors n'a pourtant rien d'ordinaire : la cuisine (surtout irlandaise et à base de produits locaux) est succulente, l'ambiance

animée (il est souvent difficile d'avoir une table) grâce aux deux frères qui tiennent l'établissement.

⭐ SORTIR

⬜ COMHALTAS CEOLTÓIRÍ ÉIREANN *Concert*

☎ 280 0295 ; www.comhaltas.com ;
35 Belgrave Sq, Monkstown ; spectacle ou *céilí* 10 € ; 🕐 21h-24h lun-sam ;

🚌 7, 7a, 8 au départ du Trinity College,
🚈 Seapoint
Avis aux grands amateurs
de musique traditionnelle !
À la "fraternité des musiciens
traditionnels d'Irlande" (dites "col-tas
kiohl-sory érine"), ils trouveront
le meilleur de la musique et de la
danse à Dublin et quelques-uns des
plus grands interprètes du pays.
Spectacles tous les soirs, mais le
"craic est puissant" lors du céilí (bal
de danse irlandaise) du vendredi
soir. Voir aussi p. 22.

⭐ **ROYAL DUBLIN SOCIETY
CONCERT HALL** *Spectacles*
☎ 668 0866 ; www.rds.ie ;
Ballsbridge ; 🚌 5, 7, 7a, 8, 45,
🚈 Sandymount ; ♿

L'immense salle de concerts sur les
RDS Showgrounds accueille toute
l'année des artistes d'Irlande et
d'ailleurs pour un riche programme
de musique classique et d'opéra.

⭐ **SHELBOURNE GREYHOUND
STADIUM** *Sports*
☎ 668 3502 ; www.shelbournepark.
com ; S Lotts Rd ; entrée 12 € ; 🕐 19h-
22h30 mer, jeu et sam ; 🚌 3, 7, 7A, 8, 45
et 84 au départ du Trinity College
Les courses de lévriers sont
l'occasion d'une excellente soirée
dans le plus grand confort, par
exemple au restaurant surplombant
la piste. Grâce au service à la table (y
compris pour les paris), vous n'aurez
même pas à vous lever de votre
siège. Voir aussi p. 21.

> ZOOM SUR…

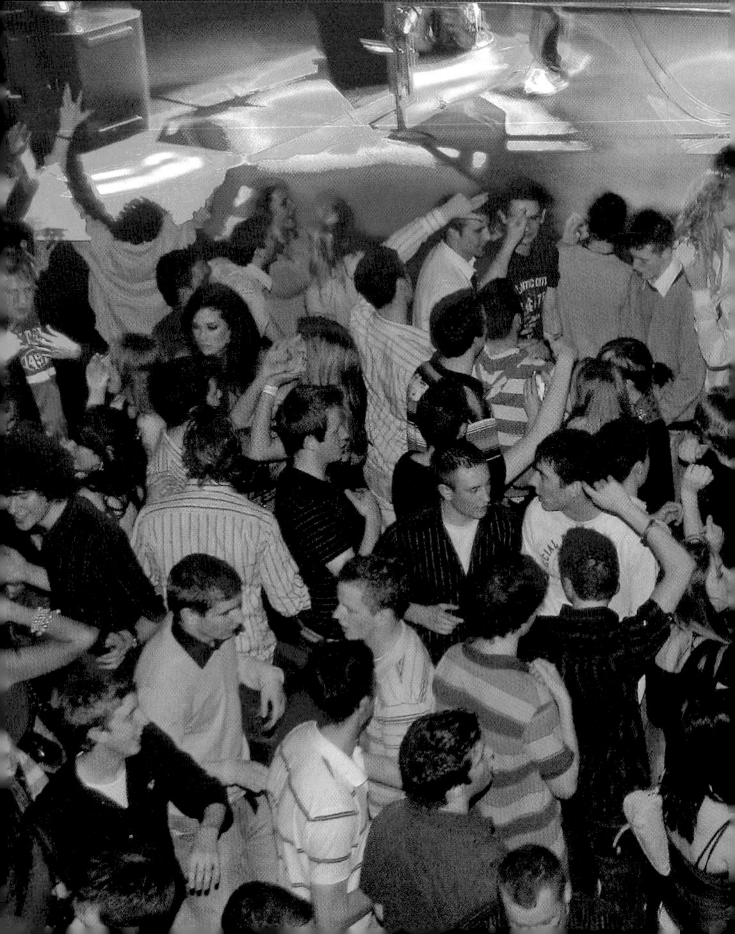

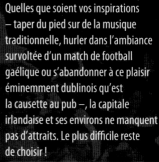

Quelles que soient vos inspirations
– taper du pied sur de la musique
traditionnelle, hurler dans l'ambiance
survoltée d'un match de football
gaélique ou s'abandonner à ce plaisir
éminemment dublinois qu'est
la causette au pub –, la capitale
irlandaise et ses environs ne manquent
pas d'attraits. Le plus difficile reste
de choisir !

On danse dans la lumière bleutée du Tripod (p. 94)

PRENDRE UN VERRE

À chaque ville sa spécialité. À Dublin, l'expérience incontournable, c'est le pub, sans quoi il manquera à votre séjour quelque chose d'authentique. Avec près de 900 adresses, il y en a forcément pour tous les goûts. Où que vous soyez dans le centre de la capitale irlandaise, vous trouverez un pub sympa et pourrez participer au spectacle des conversations endiablées, aux réflexions métaphysiques seulement compréhensibles après quelques verres, aux concours de blagues et aux chants entonnés à l'improviste avec moult couacs. Et puis il y a la bière, ces pintes ornées de la harpe Guinness remplies de nectar sombre et velouté. Car aussi sophistiqué et cosmopolite que soit devenu Dublin, le pub y reste l'alpha et l'oméga de la vie sociale. N'imaginez pas comprendre cette ville et ses habitants sans avoir passé au moins une fois le seuil d'un pub accueillant pour une soirée pleine de surprises.

Les pubs sont toujours bondés, surtout dans le quartier touristique de Temple Bar, où l'authenticité a souvent été sacrifiée sur l'autel de la fête à tout prix. Vous trouverez de nombreuses adresses traditionnelles, accueillantes et animées aux abords de Grafton St. À SoDa, Wexford/Camden St est le nouveau temple de la branchitude, même si Dawson St, ancien tenant du titre, conserve de beaux restes. Les quais, longtemps emblématiques du Dublin sinistre, comptent quelques excellents pubs qui méritent le détour. Le Dublin georgien offre un éventail séduisant de bars dont beaucoup font le plein à la sortie des bureaux (phénomène sans doute moins rébarbatif que dans d'autres villes).

Inutile de chercher LE meilleur pub de la ville, il n'existe pas et c'est tant mieux. Chacun a ses adresses, mais la plupart des Dublinois s'accordent sur les ingrédients essentiels : ambiance chaleureuse, service de qualité et bière correcte. Évidemment, pour un Dublinois il n'est d'autre bière "correcte" que la Guinness, dont le service est considéré par beaucoup comme un art rarement maîtrisé. Allez juger vous-même par exemple chez Mulligan's (p. 73), au Grogan's Castle Lounge (p. 93) ou au Sackville Lounge (p. 117), tous réputés pour leur belle pinte excellemment servie.

Du lundi au jeudi, les pubs cessent de servir à 23h30, les vendredis et samedis à 0h30 et le dimanche à 23h. Passé cette heure, il vous reste une demi-heure pour finir votre verre. Plusieurs bars du centre-ville ont l'autorisation d'ouvrir plus tard. Pour connaître l'actualité des pubs dublinois, consultez www.dublinpubs.ie.

TOP 5 DES PUBS POUR…
> Discuter autour d'une bonne pinte – Grogan's Castle Lounge (p. 93)
> Bon son et beatniks – Anseo (p. 91)
> Se faire voir – Bar With No Name (p. 91)
> Violons et *bodhráns* – Cobblestone (p. 125)
> De bonnes tapas – Market Bar (p. 93)

LES MEILLEURS BARS AVEC DJ
> Bernard Shaw (p. 91)
> Dice Bar (p. 125)
> Village (p. 95)

> Twisted Pepper (p. 119)
> Sin É (p. 117)

PUBS REMARQUABLES
> Le plus ancien – Brazen Head (p. 103)
> Les propriétaires les plus connus (U2) – Octagon Bar (p. 73)

EN SOLO
> Kehoe's (p. 49)
> Globe (p. 93)
> Mulligan's (p. 73)
> Solas (p. 93)
> Toner's (p. 63)

En haut à gauche Réputé pour ses tapas, le Market Bar (p. 93), à SoDa, est une adresse chaleureuse et décontractée pour prendre une bière

ZOOM SUR…

DUBLIN POUR LES ENFANTS

La ville est assez accueillante pour les enfants, mais la médiocrité des transports impose de beaucoup marcher et les espaces publics où faire une pause sont rares (surtout au nord). Sachez que les moins de 16 ans ne sont pas admis dans les pubs après 19h (même accompagnés de leurs parents). Côté positif, les transports publics sont gratuits pour les moins de 5 ans et les moins de 16 ans bénéficient souvent de réductions sur les visites.

Il y a par ailleurs pénurie de toilettes publiques dans le centre-ville, mais les grands centres commerciaux en possèdent (ainsi que des coins tables à langer). Si l'on voit rarement des mamans donner le sein à Dublin (l'Irlande a l'un des taux d'allaitement maternel les plus bas au monde), vous pourrez le faire un peu partout sans attirer les regards.

De nombreux hôtels peuvent organiser un baby-sitting (10 à 12 € l'heure), et quelques agences proposent les services de baby-sitters professionnelles, plus chers. Vous devrez négocier le tarif avec la baby-sitter, mais la moyenne est d'environ 13-18 €, hors frais de taxi. Parmi les agences spécialisées figurent **Belgrave Agency** (☎ 280 9341 ; 55 Mulgrave St, Dun Laoghaire ; 15 € l'heure plus 21,5% de VAT) et **Babysitters Ireland** (www.babysitters.ie ; 7a Sweetman Ave, Blackrock ; 12-17 € l'heure). D'excellents ateliers et expositions pour enfants sont proposés par l'**Ark** (☎ 670 7788 ; www.ark.ie ; 11a Eustace St ; tarif variable ; ⏲ horaires variables), un centre culturel qui leur est dédié.

LES MEILLEURES VISITES AVEC DES ENFANTS
> Airfield Trust Gardens (p. 128)
> Dublin Zoo (p. 122)
> Dublinia (p. 98)
> Marlay House et Marlay Park (p. 130)
> National Aquatic Centre (p. 115)

LES INCONTOURNABLES POUR UN WEEK-END
> Dublin City Gallery, Hugh Lane (p. 106)
> Irish Museum of Modern Art (p. 99, photo ci-dessus)
> National Gallery of Ireland (p. 55)
> National Museum (p. 56)
> Temple Bar Diversions Festival (p. 25)

ARCHITECTURE

Même si Dublin ne se distingue pas par ses trésors architecturaux, l'héritage de l'époque georgienne fait largement exception. En témoignent de sublimes demeures, des édifices publics, de larges artères, des places élégantes et des jardins conçus entre 1780 et 1830.

Le XXe siècle, en particulier, n'a guère été tendre pour Dublin. On retient la Busáras (carte p. 105, F3), la gare routière de style international conçue dans les années 1940 par Michael Scott et, au Trinity College, la Berkeley Library imaginée par Paul Koralek en 1967 (carte p. 39, D2). Heureusement, le début du XXIe siècle semble avoir été plus bénéfique, notamment dans l'aménagement des Docklands.

Le National Convention Centre (hors carte p. 105), créé par Kevin Roche, est sans doute la plus fascinante des nouveautés bâties sur les docks, mais le Grand Canal Theatre de Daniel Libeskind, qui domine le Grand Canal Dock (carte p. 127, D1), n'a rien à lui envier. De nouveaux ponts sur la Liffey méritent également le détour, en particulier le Samuel Beckett Bridge (hors carte p. 105), dernière œuvre en date de Santiago Calatrava, qui enjambe le fleuve entre Sir John Rogerson's Quay et Guild St.

Reflecting City (www.reflectingcity.com) propose des visites virtuelles des grands quartiers en plein renouveau, tandis qu'**Archéire** (www.irish-architecture.com) est un site très complet sur l'architecture et le design irlandais.

BEAUTÉS GEORGIENNES
> Custom House (p. 106)
> Four Courts (p. 122)
> Leinster House (p. 55)
> Powerscourt Centre (p. 44)
> Newman House (p. 57)

LES PLUS BEAUX PONTS
> Ha'penny (carte p. 65, D1)
> Samuel Beckett (hors carte p. 105)
> James Joyce (carte p. 97, D1, photo)
> O'Connell (carte p. 65, F1)
> Millennium (carte p. 65, C2)

CLUBS

Passé le moment de folie et d'euphorie qui, à la fin des années 1990, transforma brièvement Dublin en capitale des noctambules, la scène club dublinoise tend aujourd'hui à rester dans la modération. Cependant, le choix reste vaste pour qui veut danser jusqu'au bout de la nuit. La multiplication des bars de nuit où l'on danse et l'on boit sans payer d'entrée a incontestablement sapé le monopole des discothèques. Enfin, parler de nuit est peut-être un peu excessif : parmi les visiteurs, il n'y a guère que les Britanniques pour ne pas s'étonner de ces soirées qui finissent à 2h30 ! À partir de cette heure, vous ferez partie d'une grande famille, celle des chasseurs de taxis.

Tout le monde semble se donner rendez-vous à Temple Bar, où vous trouverez au moins un excellent club. Les paparazzis en herbe retrouveront les people dans les clubs autour de Grafton St. SoDa reste, pour nous, la meilleure destination pour une bonne soirée de danse : du Rí Rá (p. 94) au Tripod (p. 94), plusieurs clubs variés vous attendent pour bouger, que ce soit sur les tubes du moment ou sur de l'electro. Au nord de la Liffey, Abbey St recèle le tout nouveau Twisted Pepper (p. 119), l'une des meilleures adresses de la ville.

Pour connaître l'agenda, consultez l'hebdomadaire gratuit *Event Guide* ou rendez-vous sur www.dublinks.com.

TOP 5 DES CLUBS
> Rí Rá (p. 94)
> PoD (p. 94)
> Twisted Pepper (p. 119)
> Think Tank (p. 77)
> Button Factory (p. 75)

TOP 5 DES DJ À SUIVRE
> Arveene
> Billy Scurry
> Bodytonic Crew
> Mo Kelly
> Johnny Moy

TOP 5 DES SOIRÉES EN CLUB
> Pogo (Twisted Pepper, p. 119 ; 🕐 ven)
> Strictly Handbag (Sugar Club, p. 63 ; 🕐 ven)
> Antics (PoD, p. 94 ; 🕐 sam)
> Transmission (Button Factory, p. 75 ; 🕐 sam)
> Sundays (Ukiyo ; p. 91 ; 🕐 dim)

LES MEILLEURS CLUBS OÙ SORTIR LE GRAND JEU
> Lillie's Bordello (p. 51)
> Renard's (p. 63)
> Rí Rá (p. 94)

CUISINE

Bonne nouvelle pour les gastronomes en goguette à Dublin : le paysage culinaire change, et pour le mieux. Un peu partout, les tables abordables se multiplient, offrant une cuisine de grande qualité à prix raisonnables.

Vous pouvez toujours vous offrir un dîner gastronomique irlandais (ou français) quand vous le souhaitez, mais désormais vous avez aussi le choix entre des saveurs coréennes, népalaises, brésiliennes et d'ailleurs.

Vous trouverez la plus forte concentration de restaurants dans Temple Bar, mais, excepté quelques bonnes adresses, la plupart de ces tables proposent une tambouille sans imagination et des menus touristiques sans intérêt. Cuisine et service sont globalement meilleurs autour de Grafton St, tandis que les restaurants chics sont regroupés autour de Merrion Sq et Fitzwilliam Sq. La rive nord est dominée par les chaînes de fast-foods, même si de bonnes tables commencent enfin à apparaître.

L'Irlande se distingue par la qualité du bœuf, du porc, des poissons et fruits de mer, des produits laitiers et des légumes d'hiver. Nombre de bons restaurants privilégient désormais les produits locaux, qui sont souvent bio et artisanaux.

Pensez à réserver votre table les vendredis et samedis soir, notamment dans le centre.

TOP 5 DES GOURMANDS
> Meilleur brunch – Odessa (p. 90)
> Meilleur sandwich à emporter – Bottega Toffoli (p. 86)
> Meilleure cuisine sans prétention – Honest to Goodness (p. 88)
> Meilleur déjeuner – Gruel (p. 71)
> Meilleure dépense somptuaire – Patrick Guilbaud (p. 61)

TOP 5 POUR LES PRODUITS LOCAUX
> Green Nineteen (p. 88)
> Juniors (p. 132)
> L'Ecrivain (p. 61)
> People's Park Market (p. 130)
> Temple Bar Farmers Market (p. 69)

FOOTBALL GAÉLIQUE

Le hurling et le football gaélique (à ne pas confondre avec l'*autre* football), principales disciplines de la **Gaelic Athletic Association** (www.gaa.ie), sont extrêmement suivis par les Irlandais. Si le hurling est plus élégant, Dublin n'a d'yeux que pour le football, qui se joue avec un ballon rond (semblable à celui de l'*autre*) avec passes au pied (comme dans l'*autre*) ou à la main, comme au rugby. Pour une expérience authentique et fascinante, rendez-vous à Croke Park (p. 114, photo ci-dessous) afin d'assister à un match de l'équipe du comté de Dublin comptant pour l'All Ireland Championship, qui a lieu du mois d'avril au troisième dimanche de septembre.

Les "Dubs" – au maillot bleu clair et bleu foncé – sont la locomotive du football gaélique et ont remporté le championnat à 22 reprises, juste derrière leurs grands rivaux de Kerry. Leurs supporters sont pour le moins turbulents : s'ils ne chantent pas "Molly Malone" ou "Dublin in the Rare Auld Times", c'est qu'ils hurlent à l'adversaire toutes sortes de noms d'oiseaux.

LES MEILLEURS JOUEURS
> Anton O'Toole
> Jimmy Keaveney
> Brian Mullins
> Paul Curran
> Ciaran Whelan

LES MEILLEURS MATCHS DEPUIS 35 ANS
> Dublin-Meath, 1991
> Dublin-Mayo, 2006
> Dublin-Kerry, 1978
> Dublin-Kildare, 2009
> Dublin-Kerry 1977

PARCS ET JARDINS

Dublin recèle plusieurs sublimes jardins georgiens tirés au cordeau, et l'un des plus vastes parcs urbains au monde. Le merveilleux Phoenix Park (p. 123), qui compte 709 ha, est plus grand que les principaux parcs londoniens réunis. Des daims, un zoo, une pléthore de terrains de sport, une résidence présidentielle…

Sans être aussi étendus, les parcs georgiens de la capitale irlandaise sont aussi impressionnants. St Stephen's Green (p. 58, photo ci-dessous) est le plus couru de Dublin. Par une belle journée d'été, le défi est d'y trouver un coin où s'installer parmi la foule qui prend d'assaut ses pelouses magnifiquement tenues. Merrion Sq (p. 55) est sans doute plus beau encore, et Fitzwilliam Sq (p. 54), quoique petit, affiche des proportions parfaites, mais notre préférence va aux Iveagh Gardens (p. 54), relativement méconnus qui, quoique à deux pas de St Stephen's Green, vous offriront calme et tranquillité.

TOP 5 DES ACTIVITÉS AU VERT

> Un match de cricket, en été, au Trinity College
> Donner à manger aux canards de St Stephen's Green
> Un concert à l'heure du déjeuner, l'été, au kiosque de St Stephen's Green
> Lire le trait d'esprit inscrit sur la statue d'Oscar Wilde dans Merrion Sq
> Un match de polo au Phoenix Park

TOP 5 POUR LES AMOUREUX

> Les rochers de St Stephen's Green
> Le paisible parc central de Merrion Sq
> Au fond des Iveagh Gardens
> Près du terrain de polo de Phoenix Park – de jour uniquement !
> N'importe où à Fitzwilliam Sq

DUBLIN GAY ET LESBIEN

Les homosexuels sont plutôt bien intégrés à Dublin, mais davantage de discrétion est recommandée dans les banlieues. Si vous êtes importuné dans la rue, n'hésitez pas à contacter le **Gay and Lesbian Garda Liaison Officer** (officier de liaison de la police pour les gays et lesbiennes, ☎ 666 9000) ou la **Sexual Assault Unit** (unité de lutte contre les agressions sexuelles, ☎ 666 6000, poste de la Garda de Pearse St).

Il existe diverses ressources utiles aux voyageurs LGBT :

Gay Switchboard Dublin (☎ 872 1055 ; www.gayswitchboard.ie ; ⏰ 7h30-21h30 lun-ven, 15h30-18h sam). Cette équipe bénévole et serviable fournit toutes sortes de conseils, de l'hébergement aux questions juridiques.

National Lesbian and Gay Federation (NLGF ; ☎ 671 9076 ; 2 Scarlet Row, Temple Bar). Publie *Gay Community News* (www.gcn.ie), un mensuel d'actualités et de société gratuit.

Outhouse (☎ 873 4932 ; www.outhouse.ie ; 105 Capel St). Ce centre d'information gay, lesbien et bisexuel est une excellente étape pour savoir ce qui se passe en ville, consulter les panneaux d'annonces et faire des rencontres. Il publie les *Pink Pages* pour l'Irlande, un annuaire gratuit des services orientés vers les gays, accessible également en ligne.

LES MEILLEURS ÉVÉNEMENTS GAYS ET LESBIENS
> Mardi gras (p. 25)
> International Dublin Gay Theatre Festival (p. 25)
> Lesbian and Gay Film Festival (www.gaze.ie)

LES MEILLEURES SOIRÉES GAYS
> Dolly Does Dragon (Dragon, p. 92, ⏰ lun)
> Space 'N' Veda (George, p. 92, ⏰ mer)
> Panti Show (Panti Bar, p. 119, ⏰ jeu)
> Bingo (George, p. 92, ⏰ dim)

JAMES JOYCE

Bien que James Joyce soit considéré comme le plus grand écrivain irlandais de tous les temps, rares sont ceux qui ont simplement essayé de le lire du fait de la difficulté que présentent ses deux œuvres majeures, *Ulysse* et *Finnegans Wake*. Pourtant, James Joyce le mérite bien (ainsi, sans doute, que le prix Nobel qui lui a toujours échappé), ne serait-ce que pour ses *Gens de Dublin*, sublime recueil que tout visiteur de Dublin serait bien avisé de lire : ces nouvelles forment un portrait du tempérament de la ville qui reste aussi intime et fidèle aujourd'hui que lorsque Joyce les écrivit il y a un siècle.

De son vivant et même quelques années encore après sa mort, Joyce fut maltraité par la censure irlandaise, mais de l'eau a coulé sous les ponts : en ces temps plus ouverts d'esprit (et plus commerciaux), il est promu comme LE grand génie littéraire dublinois et l'office du tourisme ne se prive pas d'exploiter le Bloomsday et tout ce qui a trait à l'écrivain.

Le 16 juin, les fous de Joyce envahissent les rues pour une reconstitution du trajet de Leopold Bloom à travers Dublin dans *Ulysse*. Revêtez vos plus beaux atours édouardiens pour participer à ce Bloomsday (p. 25), avec lectures, mises en scène et festins de gorgonzola et de bourgogne. Entre autres foyers d'activité, rendez-vous au James Joyce Museum de Sandycove (p. 129), où commence *Ulysse*, à la pharmacie Sweny's Chemist (carte p. 39, F2), au pub Davy Byrne's (carte p. 39, C3) et à la National Library (p. 56).

TOP 5 DES ADRESSES JOYCIENNES
> James Joyce House of the Dead (p. 100)
> Leopold & Molly Bloom's House (carte p. 121, F1)
> Davy Byrne's (carte p. 39, C3)
> James Joyce Cultural Centre (p. 108)
> James Joyce Museum (p. 129)

POUR DÉCOUVRIR JAMES JOYCE
> Un roman autobiographique : *Portrait de l'artiste en jeune homme* (Gallimard, coll. « Folio classique » n°2432, 1992)
> Un film : *Gens de Dublin* (comédie dramatique de John Huston, 1987)
> Une œuvre : *Ulysse* (Gallimard, coll. « Folio », n°4457, 2006)
> Un recueil de poésie : *Poèmes* (bilingue, Gallimard, Éd. Du monde entier, 1979)
> Une citation : « *Les erreurs sont les portes de la découverte* »

MUSIQUE

La ville est une rockeuse, mais elle danse aussi la *jig* (gigue) et le *reel*.
Sur des scènes modestes comme le Vicar Street (p. 103) ou des salles à la pointe des technologies comme le nouvel O2 (hors carte p. 105), des concerts de tout style vous attendent presque tous les soirs.

Si Dublin n'est pas le creuset de la musique traditionnelle, de nombreux pubs accueillent des "sessions" programmées ou improvisées auxquelles assistent une majorité d'étrangers, bien plus friands du genre que les Dublinois, qui tapent du pied avec enthousiasme sur des performances virtuoses. La Comhaltas Ceoltóirí Éireann (p. 132, photo ci-dessous) est le QG de la musique et de la danse traditionnelles : le *céilí* (bal de danse irlandaise) du vendredi soir sera le clou de votre séjour à Dublin.

Smithfield abrite deux des meilleurs bars traditionnels de la ville, le Cobblestone (p. 125) et le Hughes' Bar (p. 125), adresses incontournables pour plonger dans une ambiance à l'ancienne.

Pour rapporter un peu de musique irlandaise dans vos bagages, rendez-vous chez Claddagh Records (p. 68), où vous trouverez un choix imposant et un personnel accueillant et bien informé qui vous aidera à faire la différence entre *jig* et *reel*, *bodhrán* (tambour irlandais) et bouzouki.

TOP 5 DES ALBUMS DE MUSIQUE TRADITIONNELLE
> *The Quiet Glen* (Tommy Peoples)
> *Paddy Keenan* (Paddy Keenan)
> *Compendium: The Best of Patrick Street* (divers artistes)
> *The Chieftains 6: Bonaparte's Retreat* (The Chieftains)
> *Old Hag You Have Killed Me* (The Bothy Band)

TOP 5 DES CHANSONS SUR DUBLIN
> "Raglan Road" (Luke Kelly and the Dubliners)
> "Old Town" (Phil Lynott)
> "One" (U2)
> "The Auld Triangle" (The Pogues)
> "I Don't Like Mondays" (Boomtown Rats)

SHOPPING

Les enseignes de chaînes britanniques et américaines dominent le shopping en Irlande, mais de nombreuses boutiques indépendantes vendent des produits de très belle qualité fabriqués sur place. Vêtements de créateurs irlandais, bijoux artisanaux, articles de maison étonnants ou fromages excellents sont proposés un peu partout – il suffit de savoir où aller. Si les amateurs de souvenirs trouveront toujours magnets Guinness et torchons ornés de trèfles, des boutiques d'artisanat d'un nouveau genre proposent des objets uniques ou en édition limitée. Les produits irlandais emblématiques, comme le cristal et la laine, restent très appréciés : vous les trouverez en version classique ou revisitée.

C'est dans et autour de Grafton St (carte p. 39) que se concentrent les meilleurs grands magasins et chaînes d'habillement ou de musique. Juste à l'ouest, le dédale de ruelles appelé SoDa (carte p. 80-81) regroupe boutiques spécialisées et adresses branchées. Pour les disquaires, la mode vintage, les bibelots farfelus et les marchés, direction Temple Bar (carte p. 65). Au nord de la Liffey, Henry St (carte p. 105, D3), qui croise O'Connell St, est dédiée aux grandes chaînes et aux grands magasins de moyenne gamme. Les amateurs d'antiquités fileront dans Francis St (carte p. 97, E2).

Les magasins ouvrent généralement de 9h-10h à 18h du lundi au samedi (jusqu'à 20h le jeudi) et de 12h à 18h le dimanche. Presque tous acceptent les cartes de crédit, et les distributeurs de billets sont nombreux.

TOP 5 DU "MADE IN IRELAND"
> Avoca Handweavers (p. 42)
> Barry Doyle Design Jewellers (p. 83)
> Cathach Books (p. 42)
> Louis Copeland (p. 111)
> Sheridan's Cheesemongers (p. 45)

TOP 5 DES BOUTIQUES
> Chica (p. 43)
> Alias Tom (p. 41)
> Smock (p. 85)
> Costume (p. 83)
> Cleo (carte p. 59)

TOP 5 DES BOUTIQUES DE MUSÉES
> Chester Beatty Library (p. 79)
> Dublin Writers Museum (p. 107)
> Irish Museum of Modern Art (p. 99)
> National Gallery (p. 55)
> Trinity Library Shop (carte p. 40)

TOP 5 DES MARCHÉS DE DUBLIN
> Cow's Lane Designer Mart (p. 68)
> Coppinger Row Market (p. 83)
> Moore Street Market (p. 111)
> George's Street Arcade (p. 84)
> Blackrock Market (p. 130)

THÉÂTRE

Les Dublinois vivent une véritable histoire d'amour avec le théâtre, et l'art dramatique semble couler dans leurs veines. Voilà probablement pourquoi les dramaturges Oliver Goldsmith, Oscar Wilde et George Bernard Shaw ont pu conquérir le monde du théâtre londonien avant même que n'existe un vrai théâtre irlandais. Si Dublin et les planches sont liés de longue date (le premier théâtre fut fondé en 1637), il fallut attendre le mouvement du renouveau celtique, à la fin du XIXe siècle, et la création de l'Abbey Theatre (p. 118) pour que la scène dramatique irlandaise prenne son envol.

Des années de marasme suivirent le succès des grands dramaturges que furent Wilde, Yeats, Shaw et Beckett, mais le théâtre irlandais semble aujourd'hui renaître. L'Abbey a trouvé ses stars en Conor McPherson et Mark O'Rowe, tandis que le Gate (p. 118) joue à guichets fermés des productions de haut vol avec souvent un ou deux grands noms : il n'est pas rare de voir une star hollywoodienne sur ses planches.

Pour un autre genre de théâtre, quelques compagnies récentes montent des pièces contemporaines qui invitent à la réflexion, souvent dans des espaces plus petits, voire des salles de pubs aménagées. Pensez par exemple à **Rough Magic** (www.rough-magic.com).

Vous pouvez généralement réserver par téléphone en donnant un numéro de carte bancaire et récupérer vos places juste avant le spectacle. Comptez en général entre 12 et 20-25 €. La plupart des pièces commencent entre 20h et 20h30. Renseignez-vous sur www.irishtheatreonline.com.

Au soleil, dans les jardins Chester Beatty, au pied de l'imposant Dublin Castle (p. 79)

HIER ET AUJOURD'HUI

HISTOIRE

LES ORIGINES

Le centre-ville actuel ne révèle pas beaucoup de choses de l'histoire de Dublin avant le milieu du XVIIIe siècle. Exception faite du nom gaélique moderne de la ville, Baile Átha Cliath (littéralement, "ville du gué aux haies de roseaux") – référence au premier site habité par les Celtes sur la rive nord de la Liffey –, rien de visible ne témoigne de l'arrivée des Celtes, vers 700 av. J.-C.

Même les trois géants architecturaux du XIIe siècle – le Dublin Castle, la Christ Church Cathedral et la St Patrick's Cathedral –, bâtis sous l'occupation normande qui ouvrit huit siècles de domination britannique, doivent davantage à des travaux victoriens qu'à leur plan d'origine. Quant à l'histoire du célèbre puits à côté de St Patrick's, où le saint aurait baptisé et converti au christianisme les Irlandais païens au Ve siècle, ce n'est rien d'autre qu'une légende que l'on raconte aux visiteurs.

LE DUBLIN GEORGIEN

Pour se faire une idée de l'histoire de Dublin, il faut passer rapidement à travers l'occupation, les épidémies et l'adoption des Penal Laws ("lois pénales") interdisant aux catholiques de posséder quoi que ce soit ou presque et d'exercer un grand nombre de fonctions, pour arriver au milieu du XVIIIe siècle. À cette époque, la bourgeoisie protestante, déplorant l'aspect sordide de sa ville, décida qu'elle méritait une métropole plus glorieuse et entreprit de donner naissance au Dublin georgien.

Cependant, les travaux étaient à peine terminés lorsque fut signé l'Acte d'union de 1801 : Dublin perdit alors son statut de "deuxième cité de l'Empire britannique" pour devenir une ville de deuxième ordre et misérable.

HORS DU "PALE", POINT DE SALUT

L'expression "beyond the pale" (infréquentable, inacceptable) date de l'époque où le contrôle de l'Irlande par les Anglo-Normands se limitait à l'étroite bande côtière autour de Dublin, appelée le Pale. Hors de cette région (autrement dit, "beyond the Pale"), l'île restait une terre sauvage, et les farouches guerriers irlandais lançaient régulièrement des offensives contre les Anglais depuis leurs bastions situés dans les monts Wicklow.

DÉCOUPAGES URBAINS

La Liffey constitue une frontière, aussi physique que psychologique, qui coupe Dublin en deux. Traditionnellement, les quartiers au nord du fleuve ont toujours été plus pauvres et plus délabrés, tandis que ceux du sud se targue de places bien tenues, de boutiques, de bars et de restaurants chics. Cependant, certains Dublinois estiment que la véritable fracture court d'est en ouest, avec les zones les plus cossues près de la baie et les plus pauvres à l'ouest.

Un important renouvellement urbain a été réalisé dans les années 1960 et 1970, et des communautés entières, qui vivaient dans le centre-ville depuis des générations, furent délogées et réinstallées dans des villes nouvelles comme Ballymun et Darndale. Ces terrains lucratifs ont été affectés à un usage commercial, et pour certains, c'est l'âme et le cœur de la ville qu'on a vendus.

APRÈS LA FAMINE, L'INDÉPENDANCE

La Grande Famine (1845-1851), due à la destruction par le mildiou des cultures de pommes de terre, causa la mort d'au moins un million de personnes, en contraignit autant à l'émigration et laissa exsangue la société rurale irlandaise. Si Dublin fut pour l'essentiel épargné, ses rues et ses places furent envahies par des réfugiés affamés venus des campagnes. Le refus du gouvernement britannique d'agir vigoureusement face à cette situation gravissime ne fit qu'envenimer l'esprit rebelle des Irlandais et accroître leur détermination. Après l'éphémère insurrection de Pâques 1916 (qui ravagea une grande partie du centre de Dublin et se conclut par l'exécution de ses meneurs à la prison de Kilmainham Gaol), c'est l'indépendance totale qui fut exigée, et obtenue au terme d'une guerre qui dura de 1920 à 1921.

DE L'ÉTAT LIBRE AU TIGRE CELTIQUE

La partition de l'Irlande au lendemain de la guerre d'indépendance entraîna une guerre civile, plus sanglante et brutale encore que celle qui avait opposé les Irlandais à la domination britannique. À la fin du conflit, l'Irlande s'habitua progressivement à sa liberté nouvelle : ce pays catholique et conservateur traversa prudemment le XXᵉ siècle jusqu'aux années 1960 et aux premiers vents de pensée progressiste. L'enseignement secondaire gratuit pour tous fut alors institué, et la république d'Irlande entra dans la Communauté économique européenne en 1973.

Dans les années 1990, Dublin connut un revirement économique spectaculaire : les taux d'intérêt s'effondrèrent, les affaires devinrent florissantes, les investissements étrangers (en majorité américains) se multiplièrent et le chômage diminua de façon saisissante. Le célèbre Tigre celtique allait rugir sans discontinuer pendant dix ans…

… Jusqu'à ce qu'il s'enroue sérieusement : la crise financière mondiale de 2008, combinée à l'explosion d'une bulle immobilière surréaliste, fit passer le chômage à un taux inédit depuis 25 ans, entraîna la faillite et le sauvetage en catastrophe des banques et le départ de nombre de sociétés étrangères attirées par les marchés plus attractifs et les faibles coûts de main-d'œuvre en Europe de l'Est et en Asie.

VIVRE À DUBLIN

Plus de 50% des Dublinois ont moins de 30 ans, et près d'un quart sont des adolescents, ce qui explique pour une large part le dynamisme et l'ouverture d'esprit de la ville. Ils sont pour la plupart décontractés et faciles à vivre, préférant souvent la simplicité à toute forme d'affectation. Si les Dublinois ont connu de bons moments ces dernières décennies, des années de domination britannique ont nourri chez eux un sain mépris du snobisme, et on en impose plus ici par l'argent que par les bonnes manières.

Ils ne sont pas pour autant très doués pour se "vendre" et préfèrent laisser leurs actes parler pour eux. Bien que moins marqué qu'en zone rurale, l'art de l'autodénigrement compte nombre d'admirateurs à Dublin : *an beál bocht a chur ort*, littéralement "faire la pauvre bouche", est une expression légèrement péjorative qui désigne en Irlande le fait de peindre une situation sous un jour bien plus sombre qu'elle ne l'est pour s'attirer la sympathie – ou l'indulgence des créanciers, essentielle à l'époque où la plupart des Irlandais étaient à la merci d'un système de fermage impitoyable.

De ce fait, les Dublinois se livrent volontiers aux critiques envieuses – même s'ils ne l'admettront et ne le feront généralement qu'entre eux. Voilà pourquoi Bono est plus raillé dans sa ville natale que n'importe où !

Il faut une oreille et une sensibilité aiguisées pour faire la différence entre critique et taquinerie, cette dernière, omniprésente dans les rapports entre les Dublinois, ayant été élevée au rang d'art dans la capitale irlandaise. Ici, on mesurera plus volontiers votre amitié à votre façon de prendre les blagues, qu'aux compliments faciles que vous saurez faire. Et quand on sait que le grand Dublin compte 1,6 million d'habitants, cela fait beaucoup de taquineries en réserve !

Par ailleurs, on pourrait imaginer que, dans une ville qui fut longtemps peuplée d'habitants blancs et catholiques, l'adaptation des nouveaux arrivants est difficile. Cependant, les immigrés venus d'Afrique, d'Asie et

LE SAVIEZ-VOUS ?

> La ville s'étend sur environ 115 km².
> Le O'Connell Bridge est le seul pont d'Europe aussi large que long.
> Quelque 12% des Dublinois parcourent plus de 30 km par jour pour se rendre à leur travail, une distance qui a plus que doublé depuis 1981.
> Si toute l'Irlande avait la même densité que Dublin, elle compterait plus de 300 millions d'habitants.
> Entre le vendredi soir et le lundi matin, 9 800 pintes de bière environ sont bues chaque heure, à Dublin.
> Une maison coûte en moyenne 324 000 €.
> On recense 10 000 Dublinoises de plus que de Dublinois.

d'Europe orientale sont bien intégrés : s'il existe certains esprits étroits déplorant ces "étrangers qui nous prennent nos emplois", la plupart des Dublinois considèrent la diversité croissante de leur ville comme un grand atout, qui, selon eux, en fait l'une des cités les plus cosmopolites d'Europe.

INSTITUTIONS POLITIQUES

À l'échelon local, Dublin est gouverné par trois organes élus : le Dublin City Council, équivalent du conseil municipal, gère la ville, un conseil de comté est en charge du Dublin County, et la Dun Laoghaire–Rathdown Corporation s'occupe de la ville portuaire. Les autorités municipales furent longtemps appelées la Dublin Corporation ("the Corpo"), nom devenu synonyme d'inefficacité et d'incompétence, alors que leur nouvelle incarnation est un gouvernement local progressiste qui fait l'admiration de tous. Chaque année, le Dublin City Council élit son Lord Mayor (maire) qui s'installe à la Mansion House, s'exprime sur les questions liées à la ville, mais la moitié de Dublin à peine connaît son nom à la fin de son mandat.

ENVIRONNEMENT

Si Dublin ne souffre pas de la pollution atmosphérique qui étouffe d'autres grandes villes européennes, elle a néanmoins son lot de problèmes environnementaux. Parmi les plus importantes figure la circulation automobile, qui a, lentement mais sûrement, fait des embouteillages une constante de la journée dublinoise. Des tentatives peu convaincantes pour créer des déviations ont visiblement aggravé le problème que les Dublinois,

désespérés, ne commentent même plus. Cependant, tout ne va pas si mal :
le tunnel du port, construit pour dévier les poids lourds des quais de la Liffey,
a ouvert fin 2006, et la loi interdisant l'accès des quais aux véhicules cinq
essieux a amélioré la circulation.

Autre point positif, la ville possède de nombreux parcs, jardins et places.
La taxe sur les sacs en plastique (0,22 € par sac, à payer par le consommateur)
est un succès spectaculaire : elle a permis de réduire leur utilisation de 90%
et de réunir des millions d'euros pour financer des projets environnementaux.

Plus controversée, une autre taxe a été introduite sur tous les déchets verts
afin d'encourager les particuliers à recycler et à jeter avec plus de parcimonie :
il leur en coûte 2 € pour chaque sac de déchets. Un coût qui vient s'ajouter
à la taxe sur les ordures courantes (91 € par an pour un conteneur de 240 l) :
autant dire que l'on y réfléchit à deux fois avant de jeter quelque chose.

Dublin, à l'instar du reste de l'Irlande, prend progressivement conscience
de ses responsabilités en matière d'écologie. Le Building Energy Rating (BER,
bilan énergétique) est devenu obligatoire en 2009 pour tous les logements,
afin d'encourager les propriétaires à améliorer l'efficacité énergétique
de leur maison, qui peut avoir des conséquences sur son prix de vente.

QUELQUES IDÉES DE LECTURE

Si vous n'avez pas lu les chefs-d'œuvre de Joyce, *Ulysse* et *Finnegans Wake*,
avant de fouler le sol de Dublin, vous serez sans doute heureux de savoir que
la production littéraire dublinoise n'est pas toujours aussi ardue. Quelques
classiques : Flann O'Brien et ses brillants *Swim-Two-Birds* (Les Belles Lettres,
2002) et *The Third Policeman* (*Le Troisième Policier*, Phébus, 2003), Brendan
Behan pour *The Quare Fellow* (*Le Client du matin,* Gallimard, 1959) et John
Banville, lauréat du Booker Prize pour *The Sea* (*La Mer*, Robet Laffont, 2007)
mais dont l'œuvre comprend d'autres merveilles tels *The Book of Evidence*
(*Le Livre des aveux*, Flammarion, 1990) et *The Untouchable* (*L'Intouchable*,
Flammarion, 1998). Entre autres trésors de la création littéraire à Dublin
figurent aussi Anne Enright avec *The Gathering* (*Retrouvailles*, Actes Sud,
2009), Joseph O'Connor, le frère de la chanteuse Sineád, avec *The star of the
sea* (*L'Étoile des mers*, Phébus, 2003) et la nouvelle venue Claire Kilroy avec *All
Names Have Been Changed* (non traduit, 2010).

Pour des lectures plus légères, pensez à l'hilarante série autour du
rugbyman égocentrique Ross O'Carroll-Kelly, dont le dernier épisode en date
s'intitule *We Need to Talk About Ross* (non traduit, 2009), satire réjouissante des
mœurs à Dublin 4, quartier cossu du sud où snobisme et prétention sont de

TOP 5 DES FILMS SUR DUBLIN

> *Gens de Dublin* (1987 ; John Huston)
> *My Left Foot* (1989 ; Jim Sheridan)
> *Adam & Paul* (2004 ; Lenny Abrahamson)
> *Inside I'm Dancing* (2004 ; Damien O'Donnell)
> *Once* (2007 ; John Carney)

rigueur. N'oubliez pas Roddy Doyle, dont les romans de la trilogie Barrytown *The Commitments*, (1987), *The Snapper* (1990) et *The Van* (1991), suivis par *Paddy Clarke, Ha Ha Ha* (1993) ont été portés à l'écran. Plus récemment, Doyle a abordé les problèmes de l'alcoolisme et des mauvais traitements dans *The Woman Who Walked Into Doors* (*La Femme qui se cognait dans les portes*, Éd. 10/18, 1997) et sa suite, *Paula Spencer* (2006).

Enfin, impossible d'ignorer la colossale contribution de Dublin à la "chick-lit". La reine de ce genre conçu expressément pour les jeunes femmes est Maeve Binchy, auteur de 15 romans, dont le dernier en date est intitulé *Heart and Soul* (non traduit, 2008). Elle est suivie de près par Cathy Kelly et ses 11 best-sellers, et par l'étoile montante Cecelia Ahern, fille de l'ancien Premier ministre Bertie Ahern et auteur de 5 romans, dont l'immense succès *P.S. I Love You* (Poche, 2005) et, dernièrement, *The Girl of Tomorrow* (non traduit, 2009).

DUBLIN AU CINÉMA ET À LA TÉLÉVISION

Dublin a servi de cadre à de nombreux films de qualité, souvent pour "incarner" une autre ville (notamment Berlin-Ouest en 1965 dans *L'espion qui venait du froid*), mais avec aussi de belles réussites dans son propre rôle. Retenons les meilleures productions, dont le film historique de Neil Jordan *Michael Collins* (1996), *Adam & Paul* (2004) de Lenny Abrahamson, excellent portrait de deux toxicos et de leur course à la "dose", le "Pulp Fiction irlandais" de Paddy Breathnach *Irish Crime* (1997), l'agréable *Intermission* (2004) de John Crowley et *Inside I'm Dancing* (2004), de Damien O'Donnell, merveilleux film sur l'amitié et le handicap.

Sur le petit écran, de nombreux téléfilms ont été tournés sur la capitale irlandaise, mais la seule série durable est le soap de la RTÉ *Fair City*, qui se déroule dans la banlieue imaginaire de Carrigstown et aborde tous les thèmes imaginables, de l'alcoolisme aux violences conjugales en passant par l'immigration et le chômage. C'est le programme le plus populaire de la RTÉ, même si certains le disent "Fairly Shitty" ("plutôt merdique").

HÉBERGEMENT

Au cours des dix dernières années, l'offre d'hébergement à Dublin s'est améliorée de façon spectaculaire et le nombre de touristes augmentant en a fait l'une des capitales européennes les plus courues.

Cependant, avec l'agonie du Tigre celtique et la baisse de la fréquentation, les hôtels ont diminué leurs prix et le rapport qualité/prix s'est amélioré. Les opérations promotionnelles sont désormais si nombreuses que les tarifs peuvent varier énormément d'un jour à l'autre, ou d'une saison à l'autre : consultez systématiquement les sites Internet et demandez à connaître le prix affiché sur place.

De mai à septembre, il est plus difficile de trouver un lit dans le centre. Par "centre", comprenez la zone qui s'étend entre le haut d'O'Connell St et le bas de Camden St, longeant les Docklands vers l'est. L'offre est plutôt chic à l'ouest, à l'exception de deux ou trois auberges et de quelques chaînes hôtelières de catégorie moyenne à Kilmainham.

Malgré une superficie réduite, cette zone affiche de grandes disparités. Vous en aurez généralement plus pour votre argent au nord de la Liffey. Une chambre spacieuse dans un B&B confortable des banlieues nord revient moins cher qu'une minuscule chambre dans une pension médiocre autour de Grafton St, au cœur de l'animation.

Pour une adresse avec plus de charme, pensez aux faubourgs verdoyants de Ballsbridge, Donnybrook ou Ranelagh, juste au sud du centre-ville, accessibles en transports publics ou en taxi (voire à pied en une trentaine de minutes).

Les tarifs comprennent généralement le petit déjeuner, où le copieux *Irish fry* (bacon, saucisses, *black pudding*, *white pudding*, œufs et tomates) est toujours proposé.

Si vous n'avez pas réservé, le personnel des guichets de réservation du Dublin Tourism (p. 165) vous trouvera une chambre : comptez des frais de 4,50 € (7,50 € pour un logement indépendant) plus une caution de 10%.

SITES INTERNET

La réservation sur Internet est le meilleur moyen de faire des affaires. Tentez votre chance sur **Gulliver Info Res** (www.gulliver.ie), **Dublin Tourism** (www.visitdublin.com) ou bien directement sur le site de l'hébergement choisi.

Pour obtenir un tarif compétitif, pensez aussi à **All Dublin Hotels** (www.

all-dublin-hotels.com), **Dublin City Centre Hotels** (www.dublin.city-centre-hotels.com), **Dublin Hotels** (www.dublinhotels.com) et **Hostel Dublin** (www.hosteldublin.com). Les appartements sont une bonne solution si vous restez quelques jours, venez en groupe ou avec des enfants. Du studio à l'appartement deux chambres plus salon, tous sont dotés d'une salle de bains et d'une kitchenette. Essayez par exemple :
Clarion Stephen's Hall (www.premgroup.com)
Home From Home Apartments (www.yourhomefromhome.com)
Latchfords (www.latchfords.ie)
Oliver St John Gogarty's Penthouse Apartments (www.gogartys.ie)

PETITS BUDGETS

ABIGAIL'S HOSTEL
☎ 677 9300 ; www.abigailshostel.com ; 7-9 Aston Quay ; dort/d à partir de 12,50/38 € ; 🛜
Les dortoirs ne sont pas très spacieux, mais ils sont modernes, ensoleillés et bien équipés. Toutes les chambres disposent de sdb.

BARNACLES TEMPLE BAR HOUSE
☎ 671 6277 ; www.barnacles.ie ; 19 Lower Temple Lane ; dort/d à partir de 15/32 € ; 🖵
Une auberge claire, spacieuse et propre, au cœur de Temple Bar. Dortoirs et doubles avec sdb, dotés de rangements. Salon confortable, draps et serviettes fournis. Chambres plus calmes à l'arrière.

ASHFIELD HOUSE
☎ 679 7734 ; www.ashfieldhouse.ie ; 19-20 D'Olier St ; dort/s/d à partir de 22/36/72 € ; 🖵 🛜
Installée dans une ancienne église à deux pas de Temple Bar et d'O'Connell Bridge, cette auberge moderne propose des chambres 4/6 lits, un grand dortoir et 25 chambres avec sdb. Petit déjeuner continental compris – chose exceptionnelle dans une auberge. Séjour limité à 6 nuits.

ISAACS HOSTEL
☎ 855 6215 ; www.isaacs.ie ; 2-5 Frenchman's Lane ; dort/d à partir de 14/62 € ; 🛜
Une auberge très populaire dans une ancienne cave à vins, et les lits les moins chers de la ville. Animation concentrée dans le salon ; barbecues, concerts et personnel sympathique (aide et conseils 24h/24, 7j/7).

MARLBOROUGH HOSTEL
☎ 874 7629 ; www.marlboroughhostel.com ; 81-82 Marlborough St ; dort à partir de 15 € ; 🛜
À côté de la pro-cathédrale, cette auberge dispose de 76 lits et propose de nombreux services. De hauts plafonds georgiens compensent l'espace réduit des

chambres. Les douches au sous-sol sont un peu éloignées des dortoirs.

ABBEY COURT HOSTEL

☎ 878 0700 ; www.abbey-court.com ; 29 Bachelor's Walk ; dort/d 22/88 € ; 🖵
Cette grande auberge bien tenue offre, dans deux bâtiments sur les quais de la Liffey, 33 dortoirs propres, avec rangements. Doubles avec sdb dans le nouveau bâtiment, qui possède aussi un café où est servi un petit déjeuner frugal.

CATÉGORIE MOYENNE

NUMBER 31

☎ 676 5011 ; www.number31.ie ; 31 Leeson Close ; s/d/tr à partir de 115/150/225 €
L'ancienne demeure du moderniste Sam Stephenson (célèbre architecte de la Central Bank) est paradisiaque. Séparées par un beau jardin, ses 21 chambres sont divisées entre la *coach room* désuète et la maison georgienne plus plaisante, meublée d'antiquités françaises et de grands lits. Des petits déjeuners gastronomiques sont servis dans le conservatoire. Enfants de moins de 10 ans non admis.

IRISH LANDMARK TRUST

☎ 670 4733 ; www.irishlandmark. com ; 25 Eustace St ; 1 nuit/1 week-end/1 semaine 400/800/2 000 €

Si vous voyagez en groupe, pourquoi ne pas opter pour cette demeure du XVIIIe siècle merveilleusement restaurée par l'organisme Irish Landmark Trust ? Vous disposerez de cette maison pour vous tout seul. On peut y dormir jusqu'à sept : une chambre avec lits jumeaux, une double et une triple. Meublée d'antiquités de bon goût (il y a même un piano dans le salon), l'endroit est vraiment spécial.

JURYS INN CHRISTCHURCH

☎ 454 0000 ; www.jurysinns.com ; Christchurch Pl ; ch à partir de 89 € ; 🛜
Un hôtel appartenant à une chaîne si générique que vous vous réveillerez sans vous rappeler que vous êtes à Dublin. Idéal si l'on recherche simplement un endroit pour dormir.

ANCHOR GUESTHOUSE

☎ 878 6913 ; www.anchorguesthouse. com ; 49 Lower Gardiner St ; s/d à partir de 55/75 €
Si la plupart des B&B du quartier offrent des services similaires, cette pension georgienne possède un chic inégalé. Petits déjeuners sains et délicieux. Une adresse vivement recommandée.

LYNAM'S HOTEL

☎ 888 0886 ; www.lynams-hotel.com ; 63-64 O'Connell St ; s/d/tr à partir de 80/125/165 € ; 🛜

HÉBERGEMENT EN UNIVERSITÉ

De mi-juin à fin septembre, il est possible de loger dans les résidences universitaires. Réservez longtemps à l'avance.

Trinity College (☎ 896 1177 ; www.tcd.ie ; Accommodations Office, Trinity College ; s/d à partir de 60/125 € ; 🖳). Différents types de chambres confortables, simples avec ou sans sdb dans l'un des cadres les plus charmants de Dublin.

Mercer Court (☎ 478 2179 ; www.mercercourt.ie ; Lower Mercer St ; ch à partir de 90 € ; 🖳). Chambres modernes, dignes d'un hôtel, rattachées au Royal College of Surgeons.

Un établissement de cette catégorie en plein milieu d'O'Connell St… Presque trop beau pour être vrai : un hôtel élégant, sympathique, avec 42 chambres agréables. La n°41, une chambre triple avec lucarne et lit de camp supplémentaire, est pratique pour les groupes. Remises en semaine (sur demande).

🏠 MALDRON HOTEL SMITHFIELD

☎ 485 0900 ; www.maldronhotels. com ; Smithfield Village ; ch 130-150 € ; 🖳 🐾 📶

Cet hôtel moderne, avec de grandes chambres, est parmi les meilleurs du quartier. Nous avons adoré ses grandes baies vitrées, pratiques pour observer ce qui se passe sur la place juste en dessous.

🏠 PEMBROKE TOWNHOUSE

☎ 660 0277 ; www.pembroketown house.ie ; 90 Pembroke Rd ; s 90-195 €, d 115-290 € ; P 📶

Cette maison de ville ultraluxueuse est l'exemple réussi d'une association entre traditionnel et moderne. Cette demeure georgienne classique a été transformée en un superbe hôtel de charme, au design contemporain incomparable et dont les murs du rez-de-chaussée sont décorés d'art moderne.

🏠 ARIEL HOUSE

☎ 668 5512 ; www.ariel-house.net ; 52 Lansdowne Rd ; ch 79-250 € ; P 📶

À la frontière entre l'hôtel de charme et le B&B de luxe : une demeure victorienne comprenant 28 chambres (avec sdb) dotées d'un mobilier d'époque. Un bien meilleur choix que la plupart des hôtels.

CATÉGORIE SUPÉRIEURE

🏠 MERRION

☎ 603 0600 ; www.merrionhotel.com ; Upper Merrion St ; ch à partir de 455 € ; P 🖳 🐾

Face aux bâtiments du gouvernement, le resplendissant Merrion (cinq-étoiles), occupe 5 demeures géorgiennes restaurées.

Les chambres de la maison ancienne permettent de goûter au vrai confort et à la véritable élégance. Même sans résider à l'hôtel, le thé de l'après-midi (34 €) servi dans des théières en argent, au coin du feu, mérite le détour.

CLARENCE HOTEL
☎ 407 0800 ; www.theclarence.ie ; 6-8 Wellington Quay ; ch 390-440 €, ste 780-2800 € ; 🖥 📶

L'hôtel le plus cool de la ville évoque automatiquement les noms de ses rockeurs de propriétaires : Bono et The Edge. Il n'est donc pas étonnant qu'il accueille des célébrités. Les quelque 50 chambres ne manquent pas de caractère, mais n'ont pas la splendeur d'un établissement de luxe à laquelle on pourrait s'attendre.

GRESHAM HOTEL
☎ 874 6881 ; www.gresham-hotels. com ; Upper O'Connell St ; ch 200 €, ste 450-2500 € ; 🖥

C'est l'un des hôtels les plus vieux de Dublin et un point de repère en ville. Le Gresham s'est débarrassé de son apparence vieillie grâce à des restaurations très réussies. Sa clientèle loyale est composée de groupes de personnes âgées venus pour des vacances shopping et d'Américains aisés. Chambres spacieuses et bien entretenues, décor légèrement excessif.

CLARION HOTEL IFSC
☎ 433 8800 ; www.clarionhotelifsc. com ; Custom House Quay ; ch 265 €, ste 395-1000 € ; 🅿 🔀 🖥 🖵 📶

Ce chic hôtel d'affaires au cœur de l'Irish Financial Services Centre possède de belles chambres aux tons vert-taupe (destinés à détendre les esprits après d'interminables réunions) et au mobilier en chêne. Le club de santé Sanovitae en bas, est idéal pour se décontracter.

DYLAN
☎ 660 3001 ; www.dylan.ie ; Eastmoreland Pl ; ch à partir de 200 € ; 🔀 🖥 📶

Lieu favori des célébrités, le Dylan a eu un énorme succès, au temps où des personnages très influents ont signé des contrats autour de cocktails avant de se retirer dans les draps de lin des chambres de l'étage.

FOUR SEASONS
☎ 665 4000 ; www.fourseasons.com ; Simmonscourt Rd ; ch à partir de 225 € ; 🅿 🖥 📶

Le style de la grande société américaine hôtelière s'épanouit pleinement dans ce gigantesque hôtel qui a su placer haut la barre de l'hospitalité. Si certains déplorent le côté tape-à-l'œil du décor, le caractère du lieu est irréprochable. Il se trouve dans le parc du Royal Dublin Society Showground.

CARNET PRATIQUE

TRANSPORTS
ARRIVÉE ET DÉPART

ENTRER EN IRLANDE
Une carte d'identité en cours de validité suffit aux ressortissants de l'UE. Les citoyens suisses et canadiens doivent être en possession d'un passeport valable 6 mois après leur arrivée et n'ont pas besoin de visa.

AVION
Depuis la France
Air France (☎ 36 54, 0,34 €/min ; www.airfrance.fr) relie Paris-CDG à Dublin (6/j, 4 le dimanche) à partir de 48 € et Bordeaux à Dublin (1/j) à partir de 65 €.

DEPUIS/VERS L'AÉROPORT

	Taxi	Airlink Express	Aircoach	Bus
Départ	devant le hall des arrivées	devant le hall des arrivées	devant le hall des arrivées	devant le hall des arrivées
Direction	destination de votre choix	n°747 : O'Connell St et Busáras (carte p. 105, F3) ; n°748 : Heuston Station et Busáras	15 arrêts dans Dublin : Gresham Hotel, angle Trinity College et Grafton St, Merrion Sq, Leeson St et Dawson St ; un trajet autre passe par l'International Financial Services Centre et Connolly Station avant de partir vers le nord et Malahide	Eden Quay, près d'O'Connell St
Durée	jusqu'au centre-ville, 30 min (50 min aux heures de pointe)	30-40 min	30-120 min (selon destination et circulation)	60-90 min
Prix	jusqu'au centre-ville, 25 €	adulte/enfant 6/3 €	7/1,50 €	2,20/1 €
Précisions	supplément aéroport de 1 € et frais supplémentaires pour les bagages	toutes les 10-20 min 5h45-23h30	toutes les 15 min 5h-23h30 (un par heure 24h-4h)	toutes les 20 min 5h30-23h30
Contact	☎ 872 7272 ou ☎ 677 2222	☎ 872 0000 ; www.dublinbus.ie	☎ 844 7118 ; www.aircoach.ie	☎ 872 0000 ; www.dublinbus.ie

La compagnie lowcost **Ryanair** (☎ 0892 555 666 ; www.ryanair.com) propose les prix les moins chers du marché (à partir de 9,99 €), à certaines conditions et au départ de nombreuses villes (Paris-Beauvais, Biarritz, Carcassonne, La Rochelle, Marseille et Nantes). La compagnie nationale irlandaise **Aer Lingus** (☎ 01 70 20 00 72 ; www.aerlingus.com) assure des vols directs quotidiens depuis Paris-CDG (3/j), Rennes, Toulouse, Bordeaux, Marseille , Lyon (1/j) et Nice (1 tl 2 j).

Depuis la Belgique
Deux compagnies proposent des vols directs depuis Bruxelles : **Aer Lingus** et **Ryanair**. Les prix sont comparables à ceux pratiqués depuis la France. Voir ci-dessus.

Depuis la Suisse
Aer Lingus et **Swiss International Air Lines** (www.swiss.com) desservent Dublin depuis Genève et Zurich, à partir de 65 € sur Aer Lingus en mai, et à partir de 170 € sur Swiss International.

Depuis le Canada
Air Canada est la seule compagnie aérienne à assurer des liaisons directes avec l'Irlande (durée Toronto-Dublin : 6h30). Les prix sont plus intéressants en prenant une correspondance aux États-Unis, ou en passant par Londres.

AÉROPORT
À 13 km au nord de la capitale, l'**aéroport de Dublin** (www.dublin-airport.com) offre divers services : bureau de change, bureau de poste, office du tourisme (Dublin Tourism), DAB, boutiques, restaurants et pubs.

BATEAU
Du Royaume-Uni, **Stena Line** (☎ Royaume-Uni 0870 570 7070, Dun

ÉCOLO ET RIGOLO : LE BATEAU
Si la majorité des visiteurs arrivent à Dublin et en repartent par l'aéroport, vous pouvez aussi opter pour une aventure à la fois originale et écologique en préférant le bateau. De Grande-Bretagne, c'est un jeu d'enfant : vous pouvez acheter un billet combiné train et ferry pour un montant plusieurs fois inférieur au prix de l'avion (même lowcost) ou, si votre budget est vraiment serré, un billet bus + ferry qui de Londres ne vous coûtera pas plus cher qu'un repas.

Il est également possible d'arriver dans un autre port irlandais. À Rosslare, dans le comté de Wexford, accostent des ferrys venus de France et du sud-ouest de la Grande-Bretagne, tandis que Larne, dans la banlieue de Belfast, accueille la ligne en provenance de Stranraer, en Écosse. Non seulement l'accès à Dublin est ainsi très facile, mais vous pourrez aussi faire quelques explorations en route.

Laoghaire 204 7777 ; www.stenaline.co.uk) dispose d'une ligne de ferry pour passagers et voitures (1 heure 30) de Holyhead à **Dun Laoghaire** (☎ 280 1905), et d'un ferry pour voitures uniquement (3 heures 30) de Holyhead au **terminal du port de Dublin** (☎ 855 2222).

Irish Ferries (☎ Royaume-Uni 0870 517 1717, Dublin 0818 300 400 ; www. irishferries.co.uk ; Dublin Port Terminal) a des ferrys de Holyhead à Dublin.

....

COMMENT CIRCULER

Le réseau ferroviaire (Dublin Area Rapid Transit, DART) et les bus ne facilitent pas tellement le trafic automobile affreusement dense. Dans le centre, vous circulerez mieux à pied ou à vélo ; à l'extérieur de Dublin, prévoyez vos trajets en dehors des heures de pointe. Le réseau de tramways LUAS est efficace, mais d'une étendue limitée.

Dans ce guide, les arrêts de bus/ train/tramway sont signalés dans chaque adresse par les icônes 🚌 / 🚊 / 🚆 .

TITRES DE TRANSPORT

Il est conseillé d'acheter les forfaits de bus et de LUAS à l'avance auprès de Dublin Bus (ci-contre) ou des nombreux revendeurs de la ville (cherchez le logo sur les vitrines). Vous pouvez acheter des billets et forfaits ferroviaires dans n'importe quelle gare de DART ou de trains de banlieue.

Adult (Bus & Rail) Short Hop Valable une journée pour des trajets illimités sur les Dublin Bus, DART, LUAS et trains de banlieue. Non valable sur Nitelink et Airlink (10,20 €).
Bus/LUAS Pass Trajets illimités dans les bus et les LUAS (1/7 jours 7/29 €).
Family Bus & Rail Short Hop Valable une journée pour une famille (deux adultes et deux enfants de moins de 16 ans) sur toutes les lignes de bus et de trains sauf Nitelink, Airlink, services de ferry et circuits organisés (15,60 €).
Rambler Pass Trajets illimités sur toutes les lignes de Dublin Bus et Airlink, à l'exception de Nitelink (1/3/5 jours 6/13,30/20 €).

BUS

Dublin Bus (carte p. 105, D2 ; ☎ 873 4222 ; www.dublinbus.ie ; 59 Upper O'Connell St ; ☉ 9h-17h30 lun-ven, jusqu'à 14h sam) dispose de bus à impériale bleu et crème ainsi que des bus plus petits, rouge et jaune, appelés les "Imps". Ils circulent de 6h à 23h30, (fréquence réduite le dimanche). Le cœur touristique de Dublin étant très compact, tout bus passant dans le centre-ville vous déposera à quelques pas des sites, restaurants et boutiques. Les bus en direction du centre affichent "An Lár" (centre-ville). Le tarif dépend du nombre de zones traversées, de 1,15 € pour 3 zones, à 2,20 € pour 23 zones maximum. Préparez le montant exact avant de monter : si vous devez récupérer de la monnaie, vous obtiendrez un reçu à échanger au bureau de Dublin Bus.

SE DÉPLACER DANS DUBLIN

	Grafton St	Dublin georgien	Temple Bar	SoDa
Grafton St	–	à pied 5 min	à pied 5 min	à pied 5 min
Dublin georgien	à pied 5 min	–	à pied 10 min	à pied 10 min
Temple Bar	à pied 5 min	à pied 10 min	–	à pied 10 min
SoDa	à pied 5 min	à pied 10 min	à pied 10 min	–
Kilmainham et les Liberties	bus 10 min	bus 15 min	à pied 15-30 min	à pied 15-30 min
O'Connell St	à pied 10 min	à pied 15 min	à pied 10 min	à pied 15 min
Smithfield	à pied 15 min	bus 15 min	à pied 10 min	à pied 20 min
Phoenix Park	bus 20 min	bus 20 min	bus 20 min	bus 25 min

Dublin Bus possède aussi des Nitelink (bus de nuit) circulant sur 22 itinéraires à 0h30 et à 2h du lundi au samedi, avec des départs supplémentaires toutes les 20 minutes de 0h30 à 4h30 les vendredis et samedis. Ils partent de la zone triangulaire que forment College St, Westmoreland St et D'Olier St (carte p. 105, D4). Tarifs à partir de 5 €.

TAXI

Vous pourrez héler un taxi dans la rue ou en trouver dans les stations, notamment celles d'O'Connell St (carte p. 105, D2), de College Green (carte p. 39, C2) et de N St Stephen's Green (carte p. 39, C4) près de Grafton St.

Les taxis sont difficiles à trouver après la fermeture des pubs du jeudi au samedi. Les compagnies

manquent de taxis aux heures de pointe ; réservez le plus tôt possible, par exemple via **City Cabs** (☎ 872 7272) ou **National Radio Cabs** (☎ 677 2222).

De 8h à 22h, les taxis demandent 4,10 € pour la prise en charge, puis 1,03 € du kilomètre ; de 22h à 8h (ainsi que les dimanches et jours fériés), comptez 4,45 € pour la prise en charge puis 1,35 € du kilomètre.

TRAIN

Le **Dublin Area Rapid Transit** (DART ; www.irishrail.ie) longe la côte jusqu'à Howth et Malahide au nord et Bray au sud. Des trains partent toutes les 10 à 20 minutes de 6h30 à 24h, moins souvent le dimanche.

L'aller du centre de Dublin coûte 2,20 € jusqu'à Dun Laoghaire/Howth, 2,50 € jusqu'à Bray.

Kilmainham et les Liberties	O'Connell St	Smithfield	Phoenix Park
bus 10 min	à pied 10 min	à pied 15 min	bus 20 min
bus 15 min	à pied 15 min	bus 15 min	bus 20 min
à pied 15-30 min	à pied 10 min	à pied 10 min	bus 20 min
à pied 15-30 min	à pied 15 min	à pied 20 min	bus 25 min
–	LUAS 20 min	LUAS 15 min	LUAS 10 min
LUAS 20 min	–	LUAS 5 min	LUAS 20 min
LUAS 15 min	LUAS 5 min	–	LUAS 10 min
LUAS 10 min	LUAS 20 min	LUAS 10 min	–

TRAMWAY (LUAS)

Le **réseau de tramways** (LUAS ; ☎ 1800 300 604 ; www.luas.ie) comprend une ligne reliant Sandyford à St Stephen's Green au nord et une autre qui part de Tallaght vers l'est et rejoint Connolly Station via Heuston Station. Les tramways circulent de 5h30 à 0h30 toutes les 15 minutes, et aux heures de pointe toutes les 5 minutes, du lundi au vendredi, à partir de 6h30 le samedi et de 7h à 23h30 le dimanche. Comptez entre 1,60 € et 2,40 € en fonction des zones de trajet ; un forfait journée/semaine/mois est vendu à 5,30/19,10/76 € dans les distributeurs automatiques, 5/17,50/67 € chez les marchands de journaux agréés.

VÉLO

En septembre 2009, les autorités municipales ont lancé les **Dublin Bikes** (www.dublin-bikes.com), des vélos en libre service semblables aux Vélib' parisiens : 450 vélos sont disponibles dans 40 stations réparties dans le centre-ville. Il faut acheter une Smart Card à 10 € (et déposer une caution de 150 € par carte bancaire) – soit en ligne soit dans une station – avant de pouvoir décrocher un vélo : les 30 premières minutes de location sont gratuites, et chaque demi-heure suivante coûte 0,50 €.

RENSEIGNEMENTS
ARGENT

La monnaie est l'euro (€). C'est dans les banques que les taux de change sont les plus avantageux et les commissions les moins lourdes, mais les bureaux de change ouvrent souvent plus tard. De nombreux bureaux de poste ont des guichets de change. Vous trouverez une concentration de banques sur College Green (carte p. 39, C2), en face du Trinity College.

CIRCUITS ORGANISÉS

BATEAU

Liffey Voyage (carte p. 105, D4 ; ☎ 473 4082 ; www.liffeyvoyage.ie ; Bachelor's Walk ; circuit 14/8 € ; ☼ ttes les heures 10h30-12h30 et 14h15-16h15 mars-nov). Croisière historique sur la Liffey à bord du confortable *Spirit of the Docklands*, climatisé et adapté à tous les temps.

Sea Safari (☎ 806 1626 ; www. seasafari. ie ; Custom House Quay ; circuit 30/25 € ; ☼ dès 10h, fév-oct) Filez à 25 nœuds lors de cette sortie de 1 heure dans la baie de Dublin. Vous découvrirez l'histoire napoléonienne des tours Martello, apprendrez comment la Peste noire épargna la Pigeon House Harbour et pourrez apercevoir les jardins des demeures cossues de Killiney Bay.

Viking Splash Tours (carte p. 80-81, A3 ; ☎ 707 6000 ; www.vikingsplash.ie ; Bull Alley St ; circuit 20/10 € ; ☼ jusqu'à 17 circuits tlj fév-nov). Vous vous sentirez peut-être ridicule avec un casque viking sur la tête, mais on s'amuse beaucoup lors de ces circuits de 1 heure 15 en véhicule amphibie qui arrive au Grand Canal Dock. Un guide vous racontera Dublin en histoire et en anecdotes.

HISTOIRE

1916 Easter Rising Walk (☎ 676 2493 ; www.1916rising.com ; International Bar, 23 Wicklow St ; circuit 12 €/gratuit ; ☼ 11h30 lun-sam, 13h dim mars-oct). Nous recommandons cette visite guidée de 2 heures

conduite par des diplômés du Trinity College à travers les sites de l'insurrection de Pâques 1916. Départ de l'International Bar (carte p. 39).

Dublin Footsteps Walking Tours (☎ 496 0641 ; Bewley's Bldg, Grafton St ; circuit 10 € ; ☼ 10h30 lun, mer, ven et sam juin-sept). Au départ de l'immeuble Bewley's (carte p. 39), visites de 2 heures parcourant le Dublin georgien, littéraire et architectural.

Historical Walking Tour (☎ 878 0227 ; www.historicalinsights.ie ; Trinity College ; circuit 12 € ; ☼ 11h et 15h mai-sept, 11h avr et oct, 12h ven-dim nov-mars). Des étudiants en histoire du Trinity College conduisent ce "séminaire de rue" et retracent la Grande Famine, l'insurrection de Pâques 1916, la guerre civile et la partition. Vous passerez par le Trinity College, le City Hall, le Dublin Castle et les Four Courts. L'été, des circuits sur l'architecture, sur les femmes dans l'histoire irlandaise ou la naissance de l'État irlandais sont également proposés. Départ de l'entrée dans College Green (carte p. 39, C2).

Pat Liddy Walking Tours (☎ 831 1109 ; www.walkingtours.ie ; Dublin Tourism Centre, St Andrew's Church, 2 Suffolk St ; circuits adulte 6-22 €, enfant 5-20 €). Ces circuits à thème sont menés par le spécialiste de l'histoire de Dublin Pat Liddy. Au choix, un Dublin Experience de 75 minutes, ou bien la Great Guinness Walk, pendant 2 heures, avec visite du Guinness Storehouse. Consultez offres et horaires sur le site Internet. Départ de l'office du tourisme de Dublin (carte p. 39, C2).

Sandeman's New Dublin Tour (carte p. 65, C3 ; ☎ 878 8547 ; www.newdublintours. com ; City Hall ; participation bienvenue ; ☼ 11h). Cette agréable promenade à travers les sites incontournables est gratuite : le guide est rémunéré au pourboire.

CALÈCHES

Le long de la bordure nord de St Stephen's Green (carte p. 53, C2), près de Fusiliers' Arch, vous pouvez parcourir la ville au petit trot dans une calèche (environ 45 €). La promenade dure en général 30 minutes (capacité de 4 à 5 pers).

LITTÉRATURE ET MUSIQUE

Dublin Literary Pub Crawl (carte p. 39, D3 ; ☎ 670 5602 ; www.dublinpubcrawl. com ; Duke, 9 Duke St ; circuit 12/10 € ; ⏱ 19h30 lun-sam, 12h et 19h30 dim avr-nov, 19h30 jeu-dim déc-mars). Au cours de ce circuit-spectacle primé, 2 acteurs vous font découvrir, pendant 2 heures 30, des pubs liés à l'histoire littéraire. On y boit abondamment, ce qui rend la prestation d'autant plus courue. Rendez-vous au pub Duke vers 19h pour réserver votre place.

Dublin Musical Pub Crawl (carte p. 65, E2 ; ☎ 478 0193 ; www.discoverdublin.com ; Oliver St John Gogarty's, 58-59 Fleet St ; circuit 12/10 € ; ⏱ 19h30 avr-oct, 19h30 jeu-sam nov-mars). L'histoire de la musique traditionnelle irlandaise et de son influence sur les sons contemporains est présentée et illustrée par deux éminents musiciens dans plusieurs pubs de Temple Bar. Pour ce circuit de 2 h 30, rendez-vous à l'étage de l'Oliver St John Gogarty's.

James Joyce Walking Tour (☎ 878 8547 ; James Joyce Cultural Centre, 35 N Great George's St ; circuit 10/8 € ; ⏱ 14h mar, jeu et sam). Excellente promenade de 1 heure 15 autour des sites de la rive nord associés à James Joyce et au départ du James Joyce Cultural Centre (carte p. 105).

DÉSAGRÉMENTS ET DANGERS

La capitale est l'une des plus sûres d'Europe, mais les vols à la tire et dans les voitures y restent un problème. L'augmentation de l'immigration a par ailleurs accru les agressions à caractère raciste, sans pour autant qu'elles soient fréquentes.

ÉLECTRICITÉ

Le courant est en 220 V et 50 Hz. Les prises électriques présentent trois broches rectangulaires.

HANDICAPÉS

Sachez que nombre de sites, hôtels et magasins installés dans des édifices historiques n'ont pas d'accès pour les personnes à mobilité réduite et ne peuvent aménager ni ascenseur ni rampe pour des raisons de protection du patrimoine.

Pour être assisté au départ et à l'arrivée des trains, il vous faudra appeler à l'avance l'**Iarnród Éireann** (chemins de fer irlandais ; ☎ 703 3592 ; ⏱ 9h-17h lun-ven).

Les véhicules de la nouvelle flotte de Dublin Bus ont tous un plancher surbaissé et des emplacements réservés aux fauteuils roulants ; le LUAS aussi est accessible.

INFORMATIONS ET ORGANISATIONS

Disponible dans les grands offices du tourisme de Fáilte Ireland, le guide annuel de l'hébergement publié par l'agence du tourisme irlandais, *Be Our Guest,* recense les adresses accessibles en fauteuil roulant. Renseignements et listes d'adresses sont proposés aussi par : **People with Disabilities in Ireland** (PwDI ; ☎ 872 1744 ; www.pwdi.ie), **Accessible Ireland** (www.accessibleireland.com), **Access Ireland** (www.accessireland.info) ou le **Citizens Information Board** (☎ 605 9000 ; www.citizensinformationboard.ie).

Autres organismes utiles :
Catholic Institute for Deaf People
(☎ 830 0522 ; www.cidp.ie)
Cystic Fibrosis Association of Ireland
(☎ 496 2433 ; www.cfireland.ie)
Enable Ireland (Cerebral Palsy Ireland)
(☎ 872 7155 ; www.enableireland.ie)
Irish Wheelchair Association
(☎ 818 6400 ; www.iwa.ie)

HORAIRES D'OUVERTURE
Pour les horaires standards, consultez la deuxième de couverture.

INTERNET
Les cybercafés sont nombreux et souvent ouverts tard :
Global Internet Café (carte p. 105, D3 ; ☎ 878 0295 ; 8 Lower O'Connell St ; ⏲ 8h-23h lun-ven, dès 9h sam, dès 10h dim)
Internet Exchange (carte p. 65, D2 ; ☎ 670 3000 ; 3 Cecilia St ; ⏲ 8h-2h lun-ven, 10h-24h sam-dim)

La plupart des bibliothèques publiques offrent un accès Internet, souvent gratuit ou à prix modique.

ACCÈS WI-FI
De nombreux lieux publics proposent un accès à un réseau Wi-Fi. Il est gratuit aux adresses suivantes : Chester Beatty Library (p. 79), Solas (p. 93), Market Bar (p. 93), Ron Black's (p. 50) et Globe (p. 93).

Les dernières infos sur Dublin sont disponibles sur :
Balcony TV (www.balconytv.com)
Dublin Tourism (www.visitdublin.com)
Dubliner Magazine (www.thedubliner.ie)
Fáilte Ireland (www.discoverireland.ie)
Ireland.com (www.ireland.com)
Irish Times (www.irishtimes.com)
Le Cool (www.lecool.com/cities/Dublin)
Lonely Planet (www.lonelyplanet.com)
Overheard In Dublin (www.overheardindublin.com)

JOURS FÉRIÉS
New Year's Day (Jour de l'an) 1er janvier
St Patrick's Day 17 mars
Good Friday (Vendredi saint) mars/avril
Easter Monday (lundi de Pâques) mars/avril
May Day 1er mai
June Holiday Premier lundi de juin
August Holiday Premier lundi d'août
October Holiday Dernier lundi d'octobre
Christmas Day (Noël) 25 décembre
St Stephen's Day 26 décembre

OFFICES DU TOURISME
La principale agence de tourisme à Dublin est **Dublin Tourism** (www.visitdublin.com), qui a 3 centres d'accueil dans le centre-ville. Les réservations par téléphone auprès

de Dublin Tourism sont assurées par Gulliver Info Res, un service informatisé offrant des informations en temps réel sur les événements, les sites et les transports, ainsi que les réservations d'hébergement. D'Irlande, appelez le ☎ 1 800 668 668, de Grande-Bretagne le ☎ 0800 668 668 66, et du reste du monde le ☎ 353 669 792 083. Succursales :
Dublin Airport (hall des arrivées ; ☉ 8h-22h)
Dublin Tourism Centre (office du tourisme, agence principale, carte p. 39, C2 ; ☎ 605 7700 ; St Andrew's Church, 2 Suffolk St ; ☉ 9h-19h lun-sam, 10h30-15h dim juil-août, 9h-17h30 lun-sam sept-juin)
Dun Laoghaire (terminal des ferrys de Dun Laoghaire ; ☉ 10h-13h et 14h-18h lun-sam)
O'Connell St (carte p. 105, D2 ; 14 Upper O'Connell St ; ☉ 9h-17h lun-sam)
Wilton Tce (carte p. 53, E3 ; ☉ 9h30-12h et 12h30-17h15 lun-ven)

POURBOIRE

Il est courant de laisser un pourboire de 10% sauf si un restaurant ajoute une taxe pour le service (de 10% généralement). Dans les taxis, il est bienvenu d'arrondir le montant de la course. Pour les portiers des hôtels, 1 € par bagage constitue un pourboire correct.

RÉDUCTIONS

Émis par Dublin Tourism, le **Dublin Pass** (adulte/enfant 1 jour 35/19 €, 2 jours 55/31 €, 3 jours 65/39 €, 6 jours 95/49 €) offre l'accès gratuit à 27 sites touristiques, le transfert à bord de l'Aircoach et 25 réductions diverses. Disponible au Dublin Tourism (p. 168) et à l'aéroport.

TÉLÉPHONE

L'Irlande utilise le réseau de téléphonie mobile GSM 900/1800, compatible avec les appareils européens et australiens. Il existe 4 opérateurs : Vodafone (087), O2 (086), Meteor (085) et 3 (083). Tous ont des partenariats avec la plupart des opérateurs GSM internationaux, ce qui vous permet d'être redirigé vers un opérateur local dès votre arrivée. Vous pouvez aussi acheter un forfait prépayé auprès d'un opérateur local depuis votre téléphone.

Un appel local depuis un téléphone public coûte 0,25 € les 3 minutes. Les téléphones publics acceptent monnaie, cartes de téléphone ou de crédit et permettent les appels en PCV.

NUMÉROS UTILES
Annuaire (☎ 11811)
Annuaire international (☎ 11818)
Opérateur international (☎ 114)
Opérateur pour Irlande/
Grande-Bretagne (☎ 10)
Horloge parlante (☎ 1191)
Météo (☎ 1550 123822)

URGENCES
Police, pompiers, ambulances (☎ 999, 112)
Rape Crisis Line (accueil viol ; ☎ 1800 778 888)

>INDEX

Voir aussi les index des rubriques Voir *(p. 172),* Shopping *(p. 173),* Se restaurer *(p. 174),* Prendre un verre *(p. 175),* Sortir *(p. 176) et* Se loger *(p. 176).*

Pages des cartes en **gras**

🍴 SE RESTAURER

Anglais traditionnel
Bar with no name 85

Boulangeries
Bretzel Bakery 86
Queen of Tarts 72

Bistros
Bleu 47
Canal Bank Café 60